Michel RENAULT

SOINS PALLIATIFS : QUESTIONS POUR LA PSYCHANALYSE

Angoisse, culpabilité, souffrances, régressions.

Préface de Jean-Michel Lassaunière

© L'Harmattan, 2002
ISBN : 2-7475-2703-4

Michel RENAULT

SOINS PALLIATIFS : QUESTIONS POUR LA PSYCHANALYSE

Angoisse, culpabilité, souffrances, régressions.

L'Harmattan	**L'Harmattan Hongrie**	**L'Harmattan Italia**
5-7, rue de l'École-Polytechnique	Hargita u. 3	Via Bava, 37
75005 Paris	1026 Budapest	10214 Torino
France	HONGRIE	ITALIE

Ouvrages déjà publiés par l'auteur

Livres :

Eléments de psychologie clinique du handicap, 1995, publication Association des Paralysés de France, Paris.

Le désarroi hospitalier : Patients et thérapeutes en mal de parole, 2000, Ed. L'Harmattan.

Interventions et articles :

Et l'entreprise ? 1979, revue Pouvoirs, numéro spécial Psychanalyse.

Euthanasie et parricide, 1997, revue Ethica-Clinica, n°8, Ed Tassin-Namur.

Narcissisme corporel et narcissisme moral dans les maladies irréversibles, 1997, séminaire et publication Terra Nova, Chantilly.

Acquis culturels et transmission des processus psychiques, 1997, revue Le Mouvement Psychanalytique, II, 1, Ed l'Harmattan.

Les déportations de la différence, 2000, revue Ethica-Clinica, n° 20, Ed Tassin-Namur.

Problèmes de psychologie clinique, 2001, in Manuel des Soins Palliatifs, Ed Dunod.

Les fonctions paternelles, 2001, revue Contraste, n° 14, publication Anecamps, Paris.

Aspects inconscients de la question euthanasie, 2001, actes colloque « psychanalyse et fins de vies », Ed Etudes Freudiennes.

Méthode freudienne et contre-expérience, 2002, revue Le Mouvement Psychanalytique, IV,1, Ed l'Harmattan.

SOMMAIRE

PREFACE 9

I - DOULEUR, SOUFFRANCES ET DEUIL 15

II - AUTOUR DU CONCEPT D'ANGOISSE 37

III - CULPABILITÉS CONSCIENTES ET INCONSCIENTES EN ÉTATS IRRÉVERSIBLES ET PHASES TERMINALES 63

IV - QUELLES RÉGRESSIONS CHEZ LES GRANDS MALADES ? 87

V - A PROPOS DU TRANSFERT 105

VI - LE MALADE, SUJET DÉSIRANT 131

Préface

Débuter ses études de médecine en 1968 et d'emblée faire l'expérience que l'Autorité, entre autres celle des maîtres, peut être contestée a profondément marqué l'étudiant que j'étais. La transmission de la pratique clinique par la présentation du malade devant un parterre de cinquante blouses blanches, la parole incontestée du patron, le mensonge organisé, « pour des raisons psychologiques », afin de laisser dans l'ignorance le patient impressionné qui consulte, les valeurs du paternalisme relayées par l'idéologie de l'Ordre des médecins ont constitué les fondements d'une critique et d'une contestation intérieure. La pratique médicale a ensuite évolué très vite, marquée par l'émancipation des professionnels, des malades, des familles. Dès les années 80, la réflexion sur les soins palliatifs conduit à envisager une autre manière de soigner, où la personne malade serait reconnue dans sa complexité et pas uniquement à travers le dysfonctionnement de ses organes. Dès 1975 Ivan Illich dans un pamphlet (Némésis Médicale). Seuil. 1975) annonçait : « *Les problèmes aigus de personnel, de trésorerie, de gestion et de capacité d'admission qui partout assaillent les hôpitaux peuvent s'interpréter comme les symptômes d'une nouvelle crise dans le concept de maladie* ». En 2002, nous sommes au cœur de cette crise et nul ne sait comment elle va se résoudre dans la décennie. On assiste à des tentatives de colmatage pour masquer la réalité de la crise : la médecine française est la meilleure du monde d'après des indices de santé ; des textes, des réglementations nouvelles, des lois sur les droits des malades ou les soins palliatifs sont publiés et rappellent que le malade est au cœur des soins, que le patient hospitalisé est une personne. L'éthique s'implante pour renforcer ce discours dans l'institution. La surmédicalisation de plus en plus coûteuse et contestable se poursuit néanmoins, au nom du progrès. Le corps usé, démantelé, disséqué, chronicisé, n'intéresse plus ; il doit laisser la place au suivant pour relancer la dynamique du regard investigateur. Cette démarche n'a pas grand-chose à voir avec soigner.

Du côté de l'administration hospitalière, c'est le discours et les actes autour du respect des principes éthiques et le principe de la réalité économique. Garder le cap sans faire déraper les coûts, efficacité et rendement, pour une même qualité. La tension est intolérable pour ceux qui dans beaucoup de structures de soins connaissent le déficit chronique de moyens, de personnel, de projets de soins. Où va-t-on ? Dans quelle direction ? Quelle valeur la société et l'institution hospitalière accordent-elles aux personnes fragilisées, vieillissantes ou malades chroniques et aux professionnels qui les soignent ? Une modification de la loi permettant l'euthanasie est à craindre dans ce contexte de crise. Elle viendrait comme une soupape en évacuant discrètement les malades qui fatigués et isolés demanderaient à mourir, faute de temps, d'écoute et de compassion des professionnels. La psychanalyse est pour moi l'espace de contestation qui permet de résister à cette tension et de tenir du côté du sujet. Elle autorise une compréhension de sa pratique dans la relation soignant-soigné. Elle permet aussi de faire résistance à l'objectivation certes utile en médecine mais non exclusive. La clinique de la souffrance offre cette possibilité.

Dans les années 80, j'ai eu la chance de partager mon expérience de la clinique de la douleur avec un psychanalyste qui chaque semaine écoutait mes « cas cliniques ». Expérience qui fait progressivement comprendre subjectivement, la différence qui se vit entre la douleur et la souffrance. Comment un comportement médical appris, automatisé, peut faire glisser dans une surenchère de l'investigation et du traitement de la douleur alors que le patient souhaite parler d'autre chose, de sa souffrance. Il cherche sans le savoir quelqu'un qui peut l'écouter. Le patient a néanmoins besoin du « symptôme » pour justifier la consultation, et là réside le malheur des non-rencontres. C'est cette expérience qui traduit la complexité d'un sujet en demande de « médecine » que j'ai souhaité transmettre aux professionnels de santé se formant à la discipline des soins palliatifs et de l'accompagnement à la faculté de médecine Broussais Hôtel-Dieu. Pendant dix ans, Michel Renault a introduit cet enseignement de soins palliatifs par un séminaire sur les concepts de la psychanalyse qui ont à voir avec la personne malade et à l'approche de sa mort. Puis, des ateliers de huit étudiants encadrés par un psychologue ont donné à chacun l'occasion d'approfondir sa relation au « patient » en s'appuyant sur ces concepts à partir de son expérience de la clinique. Ensuite des séminaires de réflexion ou la participation à des groupes Balint permettent à ceux qui le souhaitent de poursuivre cette démarche d'ouverture à la complexité du Sujet. Les cours d'introductions psychanalytiques qui ont rythmé chaque année l'enseignement universitaire pour stimuler la réflexion de professionnels de santé, sont aujourd'hui rassemblés dans cet ouvrage.

Je tiens à remercier Michel Renault pour sa disponibilité et son courage. Il a osé aller à la rencontre de l'institution et de ceux qui l'animent, mais sans concession. Merci à tous les psychanalystes qui depuis des années écoutent les questions cruciales des professionnels de santé et contribuent ainsi à humaniser leurs pratiques et garder intacts la vigilance et la contestation.

Paris le 16 avril 2002
Jean-Michel Lassaunière

Je dédie ces conférences aux médecins, soignants, psychologues dont l'attention et les questions ont permis qu'elles soient prononcées et renouvelées.

A tous, aujourd'hui à l'œuvre dans de nombreuses unités et équipes mobiles, j'adresse avec mon souvenir l'expression de ma fraternelle gratitude,

Michel RENAULT

I

DOULEUR, SOUFFRANCES ET DEUIL

« *Parmi des débris de paroles et des caresses en ruine, j'ai trouvé quelques formes qui revenaient de la mort* »

Roberto Juarrez
Poésies Verticales

Nous allons nous entretenir aujourd'hui de la douleur, de la souffrance et du deuil. Pour vous qui vous destinez aux soins palliatifs, et pour moi qui reçois des patients désirant effectuer un travail analytique, comment éviter le risque de mettre sous les mêmes mots des notions différentes, soit en raison de nos habitudes professionnelles, soit en fonction de présupposés culturels ? Il me faut donc commencer par rappeler quelques usages.

Les expressions *« douleur morale »* ou *« souffrance morale »* pour prendre cet exemple, abondent dans les traités de psychiatrie du XIXe siècle. Pourtant, à l'époque, leur emploi n'impliquait nullement des notions de moralité au sens strict, ni des perspectives philosophiques, voire religieuses. Aujourd'hui, si nous voulions témoigner de l'atrocité de troubles mentaux qu'endurent des enfants psychotiques, des jeunes adultes schizophrènes ou de grands chroniques restés en démence, nous parlerions plutôt de souffrance ou de douleur psychique. Il n'en reste pas moins que le terme de *« souffrance morale »* est fréquemment employé dans les milieux de médecine générale et de médecine palliative. Quelle signification faut-il lui accorder ? Dans les textes concernant l'Ethique des Soins Palliatifs, vous trouverez côte à côte des expressions telles que : douleurs, souffrances morales, souffrances spirituelles. Plus généralement on peut remarquer qu'est maintenue, explicitement ou implicitement, une distinction de raison entre les douleurs dites organiques et les souffrances dites morales. Mais s'agit-il d'une simple nécessité épistémologique ou d'un penchant culturel qui voit la réalité humaine sous un certain angle ? Après tout, on peut adhérer consciemment mais aussi inconsciemment à l'idée de séparation de l'âme et du corps. Depuis Platon et Aristote, en passant par les Pères de l'Eglise et la Philosophie Scolastique, ce dualisme a fait son chemin. Il a opposé l'immortalité des âmes à la condition périssable des corps. Le plus intéressant pour nous est sans doute sa sécularisation, si vous me passez l'expression, par Descartes. Elle s'est traduite par les notions de Pensée et d'Etendue. Ne sommes-nous pas d'ailleurs habitués à un clivage méthodique entre phénomènes corporels observables, mesurables, et modalités inétendues, incommensurables, de la subjectivité ? Quant à l'opinion commune, elle tend tout naturellement à penser qu'en dépit de quelques interférences mutuelles, les douleurs sont bien l'affaire du corps comme les souffrances relèvent bien des tribulations de l'âme.

Freud aborde le fait douloureux dans une toute autre perspective. Comme les psychanalystes qui l'ont suivi, il ne peut que constater à quel point ses patients ressentent leur mal comme une réalité énigmatique obérant leur existence tant sur le plan mental qu'affectif, physique ou comportemental. Dans son *Esquisse de Psychologie Scientifique*[1], il oppose deux expériences : « il y a, dit-il, d'un côté l'expérience de douleur, de l'autre l'expérience de satisfaction ». Que faut-il entendre par-là ? Le point de départ est le suivant : c'est un principe d'évitement du déplaisir et d'adhésion ou plaisir qui préside au fonctionnement psychique. L'enfant cherche à se développer, à s'adapter à son environnement, en évitant les émotions ou représentations désagréables mais aussi en visant à retrouver et revivre celles qui lui ont été agréables. Ce double régime d'évitements et de retrouvailles se déploie, vous le savez, dans une situation de dépendance où les satisfactions de ses besoins et le lien érotisé à la mère sont intimement liés.

Pourquoi dès lors affirmer : le « *déplaisir* » est une chose, la « *douleur* » en est une autre. « *Différence indubitable* » insiste Freud. Eh bien c'est que la polarité déplaisir-plaisir s'inscrit dans les limites d'un écart. L'organisme avec ses perceptions et

---

[1] Sigmund FREUD, 1979, « Esquisse de psychologie scientifique », *in la Naissance de la Psychanalyse*, Ed PUF.

ses endo-perceptions éprouve des variations de tension supportables par rapport à son état de tension minimum. Non pas une tension zéro qui serait celle d'un non-vivant, mais la moindre tension nécessitée par sa condition métabolique et sa réaction à l'environnement. L'expérience de satisfaction ramène la tension du déplaisir qui accompagne un trop plein d'excitation à une moindre tension ; cette réduction s'accompagne du sentiment de bien être qui est une forme de plaisir. Au regard de ce fonctionnement oscillatoire, la douleur diffère profondément. Elle est le signal d'une effraction. Elle submerge les dispositifs de pare-excitation qui permettent ordinairement le régime déplaisir-plaisir. Sous cet angle on peut la rapprocher du traumatisme.

Avant de poursuivre, permettez-moi d'ouvrir une parenthèse. Evoquées comme je viens de le faire, ces notions peuvent vous paraître assez générales, pour ne pas dire un peu abstraites. Pourtant elles sont issues de l'expérience clinique de Freud, lorsqu'il était neuropathologue. En 1886, une unité de neuropathologie infantile avait été ouverte sous sa responsabilité à l'Institut des Enfants Malades de Vienne. Freud était déjà célèbre pour ses travaux lorsqu'il fut reçu en 1885 par Charcot. Ce dernier lui manifesta de la considération. Les écrits de neuropathologie infantile de Freud seront cités dans plus d'une vingtaine de thèses soutenues à Paris et à Lyon par des médecins français. Après dix ans de consultation à l'institut des enfants malades, le virage que l'on sait sera pris lors de la parution des *Etudes sur l'Hystérie*[2]. Les problèmes de la sexualité infantile deviendront l'enjeu majeur de la recherche freudienne, et détermineront une nouvelle pratique : la psychanalyse. Je ferme la parenthèse.

---

[2] Sigmund FREUD, 1975, « Etudes sur l'hystérie », Ed PUF.

Revenons donc à notre sujet. La douleur, remarque Freud, vient de la périphérie du Moi. Elle émane de la peau ou d'un organe interne, c'est pourquoi nous la disons à juste titre : organique. Ce qui est remarquable dans le fonctionnement psychique c'est que nous concentrons alors notre investissement libidinal sur la partie lésée du corps. Elle devient l'objet d'une focalisation narcissique au sens où la libido s'attache aux représentations de cette partie ou fonction du corps propre. Mais, alors, se demande Freud, comment cet ensemble d'expériences que sont l'effraction traumatique et la concentration de libido narcissique, pourrait rendre compte de ce que nous vivons dans d'autres situations comme douleur psychique ? Si nous admettons que le phénomène douleur se déploie au niveau du Moi, faut-il en déduire que la douleur psychique comme ce que nous appelons la douleur organique sont deux manifestations d'une même perturbation ? A première vue, objecterez-vous, ce serait s'approcher d'une notion fourre-tout, que l'on pourrait dire psychosomatique. Freud cependant nous indique autre chose. Pour aborder la difficulté, il fait état de la douleur du deuil. Nous aurons l'occasion d'y revenir plus en détail dans la deuxième partie de cet entretien. Il y a bien, lors du deuil, un investissement narcissique massif, comparable à celui que provoque la douleur organique. Mais alors, à quoi s'attache l'investissement libidinal dans la douleur du deuil ? Eh bien elle s'attache non plus à la « présentation » d'une partie du corps propre mais à un objet interne qui est une image de l'autre. En effet, la perte de cet autre n'est pas réductible à son absence dans la réalité. Comme l'écrit Pontalis dans son *Essai sur la Douleur* : « là où il y a douleur c'est l'objet absent, perdu, qui est présent. Il fait partie du moi ». La douleur psychique est comparable à celle que peut provoquer l'image perturbée de mon corps propre. Cependant elle concerne le corps de l'autre ou une partie de ce corps dont les représentations s'infiltrent dans le champ de ma libido. Cette ombre étrangère investie de façon douloureuse contredit la disparition de la réalité. L'intensité de l'investissement tient à ceci : elle a dans le Moi inconscient statut d'objet vital pour la vie du désir de vivre. Ainsi le deuil nous incite à situer l'objet corporel qui fut convoité comme incorporé à notre Moi. D'où la proposition inscrite par Freud dans *Inhibition, Symptôme, Angoisse*[3]. Il la formule ainsi : « le passage de la douleur organique à la douleur psychique correspond à la transformation de l'investissement narcissique (centré sur une lésion corporelle) en un investissement d'objet de désir (centré sur sa représentation) ».

Ne pensez pas que Freud en proposant ce processus psychique se targue d'une certitude définitive. Il écrit vouloir simplement, je cite : « esquisser quelques repères et indiquer quelques directions de recherche ». Nous allons maintenant faire un détour et voir si les avancées récentes de la neurobiologie permettent d'accorder encore quelque valeur aux considérations freudiennes. Dans le début de son ouvrage *Le sentiment même de Soi*[4], le neurologiste Antonio R. Damasio se livre à une parenthèse historique. Il remarque que vers la fin du XIXe siècle Charles Darwin, William James et Sigmund Freud avaient privilégié l'étude de l'émotion au sein du discours scientifique. Puis au début du XXe siècle, les travaux de Darwin sur les émotions furent quelque peu délaissés, les thèses de James connurent une dépréciation ; l'influence de Freud se développa dans d'autres domaines. La seconde moitié du XXe siècle connut le primat de la physique théorique et de la chimie organique, comme chacun le sait. Aujourd'hui l'essor considérable de la biologie relance les questions du XIXe siècle. La neurologie des émotions s'avance précisément dans les voies qui demeuraient inaccessibles à l'objectivation, à l'époque où Freud formulait ses hypothèses. L'un des postulats de base de la neurologie tient à la

---

[3] Sigmund FREUD, 1971, « Inhibition, symptôme, angoisse », Ed PUF.
[4] R. DAMASIO, 1999, « Le sentiment même de Soi », Ed Odile Jacob.

dissociation entre la sensation de douleur et l'affect de douleur, entre la douleur comme désordre physiologique et l'émotion induite par cette douleur. C'est le premier point qui retiendra notre attention. Les signaux d'un dysfonctionnement tissulaire, par exemple, sont répercutés par un système de fibres nerveuses spécialisées. Par ailleurs, les représentations correspondantes créent à un niveau différent du système nerveux central la mobilisation des émotions. Mais un deuxième point retiendra notre attention. Ces représentations émotionnelles sont indisponibles à la conscience. Il s'agit de prédispositions dont les processus, à leur niveau, n'indiquent en rien comment l'organisme vivant pourrait « savoir » et donc ressentir telle émotion dont il est pourtant le siège. Les neurobiologistes observent qu'un troisième niveau du système central est nécessaire pour l'effectuation d'une prise de conscience.

Vous voudrez bien me pardonner ce petit détour dans un domaine qui vous est sans doute plus familier qu'à moi-même. Je m'y suis autorisé parce que son actualité nous ramène tout droit au chapitre III *de la métapsychologie*[5]. Freud le consacre au problème des Sentiments Inconscients. Une telle alliance de mots, se demande-t-il, est-elle dénuée de sens ? Il écrit : « en ce qui concerne les sentiments et émotions, les choses sont plus complexes. La cure psychanalytique nous habitue à plusieurs sortes de situations. Souvent des émotions sont perçues mais méconnues, en étant rattachées à d'autres représentations que celles qui sont à leur origine. D'autres fois, spécialement lorsqu'il s'agit de haine ou d'amour, l'émotion est transformée en angoisse. Il arrive aussi que l'émotion soit réprimée, c'est-à-dire empêchée de parvenir à la conscience bien que l'on puisse constater sa manifestation de décharge destinée à transformer de façon interne le corps propre, par exemple, sous une forme

---

[5] Sigmund FREUD, 1968, « La Métapsychologie », *Chapitre III*, Ed Gallimard, Idées.

sécrétoire ou vaso-régulatrice ». J'ajouterai qu'elle peut se manifester en un autre temps, de façon hallucinatoire, comme dans le cas de l'hallucination de douleur. En concluant son chapitre, Freud estime nécessaire de s'en tenir à deux niveaux de représentations de l'émotion. L'une qui se situe au niveau inconscient, l'autre qui, au plan conscient, a nécessité un franchissement, et s'accompagne d'un nouveau mode de cette représentation pour le sujet.

Pour ce qui nous préoccupe, notamment la douleur, nous sommes ainsi amenés à considérer trois étapes correspondant aux trois substrats neurologiques évoqués plus hauts. Perturbation sensorielle à un niveau, production des affects inconscients de douleur à un second niveau, émergence de l'émotion-douleur dans le système perception-conscience pour le troisième niveau.

Les données que je viens d'évoquer incitent à développer deux idées. La première concerne le statut même de la démarche palliative. Disons que face aux douleurs psychiques aussi bien qu'aux douleurs organiques le sujet est intéressé par deux versants du même processus. La prise en compte d'un même vécu traumatique, l'état douloureux, manifeste au fond un réalisme clinique. Elle rend obsolète la disjonction entre une médecine strictement attachée aux lésions du corps et une compassion qui viserait seulement les souffrances de l'âme. Partant, si l'on se réfère à la médication, le maniement des psychotropes et celui des antalgiques va nécessairement de pair avec leurs succès mais aussi leurs limites. Venons en à la seconde idée. Elle concerne le processus de prise de conscience. Freud en appelle à la nécessité de construction d'une nouvelle forme de représentation. En fait, par rapport à la représentation inconsciente, nommée prédisposition neuronale par les biologistes, il s'agit bien de constituer un objet psychique lié au langage. Pour illustrer ce que peut avoir d'abstrait un tel propos, je vous renverrai à votre expérience lors de l'évaluation des douleurs. Qu'essayez-vous d'obtenir en évaluant avec le patient, selon le terme consacré, un état douloureux ? Eh bien vous tentez de trouver avec lui une valeur de représentation pour cette chose-douleur, qu'isoleraient sans doute les instruments de mesure neurologique, mais par rapport à laquelle il n'a, en tant que sujet conscient, aucune distance. Il est son envahissement même. Comment l'appréhender en tant qu'objet psychique ? En trouvant une représentation symbolique qui soit chargée d'une même valeur signifiante pour le patient et pour vous-même. Autrement dit, la prise de conscience est inséparable de l'investissement des mots, des signifiants qui organisent, structurent la « chose-douleur ». Ainsi l'évaluation de la douleur est bien plus qu'une commodité, un truc comportemental de soignant. Elle va au cœur de ce qui fait advenir dans une signification inter-humaine l'inhumanité première de la douleur. Il n'y a pas chez le sujet d'autre accès à son humanité que celui de la parole adressée à l'autre ou reçue de lui, ou convenue entre eux. Comme l'a écrit E Benveniste, le langage n'est pas réductible à quelque faculté supplémentaire : « il est l'essence même de l'homme ». Seul, il rend compte de l'expansion des conquêtes sur l'environnement bien au-delà de l'adaptation dont font preuve les espèces animales. C'est pourquoi la douleur innommable, qu'elle se manifeste comme psychique ou comme organique, ne rencontre le monde humain des significations qu'en devenant une douleur de parole, qui se dit et que l'on dit. Il ne s'agit pas seulement d'élaborer un discours scientifique sur la douleur, il s'agit de faire en sorte que le sujet d'une douleur puisse en parler à la science. Toute souffrance chez l'homme insiste en effet au titre de son « être en souffrance » selon la formule de LACAN, en ce sens qu'elle attend toujours, comme la lettre du même nom, son destinataire. Le désir d'être reconnu de l'autre habite au cœur de l'homme. Lacan note : « Dès lors apparaît la fonction décisive de ma propre réponse et qui n'est pas seulement comme on le dit d'être reçue par le sujet comme approbation ou rejet de son discours, mais vraiment de la reconnaître ou de l'abolir comme sujet ». Face aux souffrances du cancéreux, du myopathe, de celui qu'accable l'immense fatigue issue de la fin de vie, la médecine palliative refuse précisément d'abolir leur subjectivité ou, ce qui revient au même, de compter pour rien leur attestation ; car c'est bien parce qu'ils peuvent attester, qu'ils sont, comme le disait Descartes, « de vrais hommes ». C'est d'ailleurs dans les modalités de ce témoignage qu'apparaît tout particulièrement la dimension de liberté qui reste au sujet souffrant. Soit qu'il aspire à la réduction de toute douleur, soit qu'il signifie sa volonté en ce désir au monarque qu'évoque le poète Aragon : « *Je reste roi de mes douleurs* ». Pour le sujet l'état douloureux vaut au-delà de sa physiologie, par sa signification. Elle pourra avoir valeur de réassurance narcissique aux heures crépusculaires, comme elle peut relever de l'obscur besoin d'autopunition qui habite le cœur de l'homme. Comme elle a pu également avoir valeur d'offrande à un Autre idéal, Dieu ou Destin, afin qu'il soit garant du bonheur des proches... Dans tous ces registres la douleur au corps fait une entrée chez le sujet dans le champ de son histoire. Une histoire ne se dévoile que par la parole, au-delà des muettes fonctions de l'organisme. Immergé dans le langage depuis sa conception jusqu'à sa mort, voici donc ce sujet encerclé par l'horizon des désirs humains, que ce soit celui de reconnaissance ou celui d'immortalité. Les praticiens que vous êtes ne peuvent en effet ignorer que si l'alternance de la vie et la mort est inhérente à tous les organismes complexes, la notion d'immortalité, elle, est entrée dans monde avec le discours des hommes. Elle fait partie des symboles qu'il y fait surgir, comme en témoignent, avant même les premières religions et les premières métaphysiques, ces signatures du paléolithique dont nous retrouvons les malhabiles et émouvants vestiges. Quels sentiments de douleur habitèrent les premières mères errantes ou à peine sédentarisées de la préhistoire, devant les cadavres immobiles de leurs enfants ? Nous ne le saurons jamais.

Cependant nous savons aujourd'hui que parmi les douleurs psychiques, celle du deuil dont nous allons parler à présent, traverse de générations en générations les existences humaines.

En 1915, dans la tourmente de la première guerre mondiale, Freud écrivait *Deuil et Mélancolie*[6]. Cette étude sera publiée en 1917. Elle aborde deux grands thèmes. Le premier tente d'élucider la question suivante : en quoi consiste le travail psychique du deuil ? . Le second s'attache sur un fait clinique : pourquoi, chez certains sujets, le deuil semble impossible à réduire et se transforme dans l'état pathologique de mélancolie ? Nous savons tous que le deuil est habituellement une réaction à la perte d'une personne aimée. Freud remarque qu'il peut également s'avérer consécutif à la perte d'une abstraction venue en lieu et place de la personne aimée. Ce peut être le deuil de sa mère patrie pour l'exilé, celui d'un idéal paternel ou fraternel pour le révolutionnaire, celui de son passé pour le mourant.

Dans tous les cas, la réalité rappelle que l'objet de l'investissement affectif n'existe plus dans le champ de la perception. De plus, cette même réalité impose que la libido soit retirée des liens qui la retenaient à l'objet disparu. Cette exigence vise en fait les présences intérieures des personnes ou groupes sociaux. Effacées de la réalité externe, elles se poursuivent en effet psychiquement. Le travail du deuil va porter sur ces représentations, souvenirs, attentes, regrets, espoirs, qui vivent toujours en mémoire. Il s'agit dit Freud de

---

[6] Sigmund FREUD, 1968, « Deuil et mélancolie », Ed Gallimard, Idées.

« *désexualiser* » ces évocations. Non pas que le souvenir de l'être cher doive être aboli. Mais il faudra que s'établisse un « *compromis* » entre l'oubli et une représentation trop chargée d'émotion. La même personne qui peu après le décès pleurait en parlant d'un voyage heureux avec l'être cher, vous dira calmement quelques temps plus tard : « ah! je connais cette ville. Nous y avions été en telle année ». Pourquoi dans un désinvestissement progressif, au fil des occasions ou des habitudes, cette activité de compromis s'accompagne t-elle des sentiments de douleur que nous connaissons ? Il est difficile de répondre à la question dans l'état actuel de nos connaissances, mais nous trouvons tout normal cette épreuve. Elle ne concerne d'ailleurs pas les seuls décès ; d'autres pertes, les ruptures affectives, les abandons, les séparations de durée incertaine entraînent le même processus. Il est plus ou moins intense. Dans tous les cas le travail du deuil absorbe le Moi. L'intérêt pour les sollicitations extérieures est affaibli. Normalement cette souffrance s'apaise après un certain laps de temps, et la libido peut s'orienter vers de nouvelles préoccupations.

Nous pouvons à présent aborder le second thème de réflexion. Il concerne l'état mélancolique. Pourquoi un deuil éternisé qui semble impossible à surmonter nous paraît-il inquiétant, voire anormal ? Certains d'entre vous ont sans doute eu l'occasion soit dans leur environnement familial ou amical, soit dans une activité clinique, d'être confrontés à l'impression d'énigme que dégage la personnalité du mélancolique. Freud note que la plupart de ses attitudes sont comparables à celles d'une personne en deuil. Mais, ajoute-t-il, un trait fondamental l'en distingue : il fait preuve d'une intense diminution de son estime de soi ; il nous provoque par une sorte d'affirmation de son indignité, de son incapacité à réagir, de ce qu'il est sans doute condamnable et mérite son abattement. De plus cette dépréciation ne se limite pas à sa conduite présente. Par exemple à la perte d'un proche.

Elle s'étend à son passé, à son avenir, il a toujours été malheureux ou bien il n'a rien réussi ; ou encore il n'aura jamais de chance dans la vie. Je passe sur les symptômes concomitants que vous connaissez. Le sujet est insomniaque, il n'a pas d'appétit ; il se retire et semble se complaire dans « une défaite des pulsions ». Freud note : « il serait scientifiquement aussi bien que thérapeutiquement infructueux de contredire le malade qui porte de telles plaintes contre son Moi ». Pourquoi ? Eh bien parce qu'il nous décrit correctement son état psychologique. Et Freud d'ajouter : « il a perdu le respect de soi et doit avoir pour cela une bonne raison ».

Nous n'allons pas entrer plus avant dans les notions psychanalytiques concernant la pathologie du mélancolique. Ce n'est pas tout à fait notre sujet. Cependant, je voudrais en souligner quelques aspects qui peuvent intéresser la médecine palliative.

Au fond, les reproches que s'adresse ce type de patient s'éclairent lorsque nous trouvons leur ressort secret. Ces reproches visent en réalité une autre personne souvent liée de façon intime au sujet. Mais les dépréciations se sont retournées contre le Moi du malade. A l'origine la relation était aimante, puis elle a été remise en question à la suite d'un préjudice ou d'une déception. Toutefois, au lieu que s'ensuive une rupture, une séparation de l'autre avec le deuil que cela implique, toute la libido qui avait été investie dans la relation est conservée. Elle sert à développer une identification avec l'objet décevant. Cela revient à le conserver en soi tout en le réprouvant. L'ancien conflit exprimé ou tacite entre le moi et la personne aimée est ainsi intériorisé sous le mode d'une scission entre le moi qui critique et le moi identifié à l'autre.

Vous allez demander : pourquoi cet état est-il soutenu par la personne qui en fait les frais, plutôt que celui plus habituel du travail du deuil ? S'agit-il d'une fatalité ou d'un choix volontaire ? Un psychanalyste de la première génération, Otto Rank, avait été intrigué par cette question. Il se dégagea chez les patients impliqués une contradiction dont Freud approuva la réalité. Otto Rank remarqua que chez ces patients l'objet aimé était facilement désinvesti au plan érotique. Autrement dit, sa qualité de désirable semblait être aisément abandonnée. Non d'ailleurs au profit d'un autre objet de désir. La libido, en faisant retour vers l'image propre, augmentait le capital de libido narcissique du sujet. Par contre, une intense fixation sentimentale à l'être aimé se manifestait et rendait impossible l'abandon du lien. C'est, dit Otto Rank, la conséquence d'un choix d'amour antérieur. L'autre était plus important en raison des satisfactions narcissiques qu'il apportait qu'en raison de la complétude sexuelle qu'il recelait en tant qu'objet de désir.

Pour rendre plus imagé ce propos, j'évoquerai une anecdote commune que j'appellerai pour vous le syndrome de l'hôtesse de l'air. D est tombé amoureux d'une hôtesse de l'air. Il l'aime, du moins il le croit. En fait, il apprécie surtout lorsqu'il sort avec elle de voir se retourner sur elle, et donc sur lui, les convives du restaurant. Cela flatte son ego. Il faut dire qu'elle a de l'allure et est assez jolie, ce qui, ajouté au prestige de l'uniforme fait de lui un homme envié. Leur liaison est agréable. Malheureusement l'hôtesse est un jour licenciée par sa compagnie et contracte une infection qui l'oblige pour un temps à porter un pansement sur la joue. Ils continuent à sortir ensemble, mais curieusement cela pèse un peu à D. Il retarde un rendez-vous, en oublie un autre....Vous devinez la suite. C'est ce que Otto Rank appelle *un choix d'objet narcissique*. En aimant son hôtesse notre héros se plaisait surtout à être aimé d'elle, en raison de ce que son apparence produisait comme reflet dans l'image que lui-même donnait aux autres. Si les choses avaient duré et que cette femme soit devenue partie intégrante de son existence, il lui en aurait sans doute voulu d'avoir perdu son emploi ou d'avoir négligé sa santé et son apparence, l'accusant secrètement de sa déception propre. Puis il lui aurait trouvé bien d'autres défauts, et sans doute son désir sexuel serait-il passé du rang de phare aveuglant à celui de simple feu de position. Fin de l'anecdote.

On pourrait la conclure, à l'égard de nos consœurs, par le mot de Sacha Guitry : *«N'écoutez pas mesdames »*. Mais qu'elles se rassurent, nous aurions pu aussi bien évoquer le syndrome du commandant de bord. Freud, quant à lui, note que de telles explications sont vraisemblablement incomplètes. Il faudrait sans doute intégrer dans le processus mélancolique l'insistance d'un caractère spécifique, soit la prédominance d'une forte composante orale de la libido qui favorise une prédisposition à l'amour narcissique. En effet, le tout petit enfant ne trouve-t-il pas normal d'être aimé bien qu'il ne consente que difficilement aux sacrifices que requiert le fait d'aimer ?

A présent j'inclinerais à vous poser une question. Que retenir de ces considérations sur le travail du deuil ? Nous aurons à débattre de vos remarques. Toutefois je crois pouvoir dire qu'en premier lieu elles nous incitent à la prudence. En effet, nous ne savons pas comment fut structurée au fil de leurs vies la personnalité affective de ceux dont nous côtoyons la souffrance. Mis à part les cas extrêmes, la répartition de la libido entre son versant objectal et son versant narcissique connaît de nombreuses solutions. Et les couleurs de la tendresse sont infinies.

En second lieu, ces questions concernent notre attitude professionnelle. Michael Balint, dans son ouvrage désormais classique *Le médecin, son malade, et la maladie*[7], fait la comparaison suivante : « de même qu'il est très difficile d'opérer avec un bistouri émoussé, d'obtenir des radiographies précises avec un appareil défectueux, d'entendre clairement avec un stéthoscope hors d'usage, de même le médecin ne pourra pas écouter comme il faut s'il n'est pas en bonne forme ». Peut-on, en soins palliatifs, suivre cette recommandation ? que signifie *« la bonne forme »* en cas de décès du patient ? Quelle est sa condition ? Si nous éliminons quelque royale indifférence pour ce que ressentent les vivants qui vont mourir, ou ceux qui ont assisté à leur décès, nous pressentons qu'ici la modestie du deuil des soignants est indispensable à la poursuite de leur activité. Oui, j'ai bien employé le mot de *« modestie »*. Je vais tenter de m'en expliquer devant vous. Son sens habituel est celui de *« retenue dans l'appréciation de soi même »*. De quelle retenue s'agit-il pour nous ? Pour la situer, reportez-vous à la notion de deuil difficile et à son lien avec l'amour narcissique. Vous en déduirez ceci : plus le médecin investit dans sa relation au malade ou à ses proches une certaine image que ceux-ci lui renvoient, par exemple celle d'homme supérieur ou de savant modeste, ou de grand clinicien, plus il adhère à de telles images, plus le décès du malade va toucher les mirages de son Moi. La modestie souhaitable tient donc à la restriction de cette estime de soi induite par le patient ou ses proches lorsque leur idéalisation nous transfigure. Nous reviendrons sur ce point lorsque nous étudierons les effets des contre-transferts du médecin à l'occasion de la relation de soin. En attendant, revenons si vous le voulez bien aux remarques d'Otto Rank. L'amour narcissique, dit-il, est favorisé lorsque l'autre est peu investi en tant qu'objet de désir. Or, nous savons que la puissance du médecin à l'égard du corps souffrant ne peut s'exercer dans le registre des pulsions érotiques. Cela lui est

---

[7] Michael Balint, 1966, « Le médecin, son malade, et la maladie », Ed Petite Bibliothèque Payot.

interdit. Sa puissance n'est légitime que sublimée en désir de savoir et d'agir sur le corps au nom de nécessités thérapeutiques. L'histoire de la médecine témoigne d'ailleurs de cette quête d'objets de connaissance, sans cesse renouvelée, à différents niveaux de l'observation des corps. Pourquoi ce rappel ? Eh bien parce que chaque trépas constitue précisément une limite assignée à notre savoir. La Mort est le maître qui nous signifie alors « tu n'en sais pas plus ». Pour dire les choses autrement, le malade recelait un enjeu pour notre pulsion à comprendre tant qu'une exploration, une analyse, une intervention demeuraient possibles. Lorsqu'il n'y a plus espoir de trouver et d'agir, le retrait de la « libido sciendi » devient inévitable. Nous avons alors un deuil à faire : celui d'une certaine puissance de nos pensées. Bien entendu vous pourrez objecter que la pratique médicale ne se réduit pas à la seule dimension du savoir. C'est vrai. Il y a ceci de particulier dans le désir du médecin qu'il vise à être un « bon médecin ». Dans un colloque de 1971 Jacques Lacan insistait sur le fait que ce n'était pas seulement question d'idéal mais surtout nécessité d'existence. Je cite : « pour tout ce qui garde la densité, le poids de ce que représente la figure du médecin, la façon dont le médecin lui-même la vit, c'est d'être un bon médecin ». Nous trouverons une analogie dans la nécessité qui s'impose à la mère. Elle ne peut vivre son attitude que comme celle d'une « bonne mère ». D'où vient le caractère de nécessité ainsi évoqué ? Poursuivons, si vous le permettez, la comparaison. La mère est bonne, nécessairement, parce qu'elle détient un souverain bien. Ce bon objet qui assure la survie du nourrisson vous le connaissez : c'est le sein. De façon similaire, si l'être du médecin est nécessairement bon, c'est pour autant qu'il dispose d'un souverain bien. Ce quelque chose dont Hippocrate disait que le thérapeute le tient des dieux a également un nom : c'est « la médecine », au sens premier du terme. Du philtre, de la pierre sacrée, au pansement d'herbe, puis à l'élixir et à la molécule de synthèse, l'art médical a offert en chaque époque quelque chose de salutaire dont devait bénéficier l'être souffrant. Mais lorsque celui qui souffre n'est plus justiciable d'aucune médication, lorsque l'ombre de la mort s'étend sur lui, le bon objet que détient le médecin devient inutile. Le praticien est confronté à la condition limite de son souhait. En ce sens perdre un patient, c'est assumer le deuil d'une puissance donatrice.

Je vous laisse méditer ces propos. Ils nous conduisent à remarquer combien, des impuissances du savoir aux limites du don, la répétition des deuils peut devenir déprimante. Or elle touche particulièrement les services que l'organisation spécialisée de la vie hospitalière confronte en permanence à des fins de vie. On dit couramment que ces services se consacrent à des pathologies extrêmes. Ce qui constitue un point de vue sociologique. Subjectivement ils se vouent, parfois à leur insu, à une tâche d'assomption particulièrement difficile. Ils sont engagés dans une mise à mal de leur équilibre pulsionnel et dans l'obligation de restaurer sans cesse un narcissisme fragilisé.

Bien entendu, nombre d'entre vous s'attachent à leurs patients. Ils peuvent témoigner de ce que l'on ne s'habitue pas à la mort d'un être à qui l'on a prodigué des soins. Il semble donc que le « deuil supportable » si vous me permettez l'expression, nécessite chez le soignant une navigation entre deux écueils. Le premier réside dans un refus des enjeux émotionnels que le malade mobilise dans sa relation au médecin. Par focalisation de l'intérêt thérapeutique sur les seuls aspects de la pathologie, la « libido sciendi » du médecin occupe toute alors sa subjectivité. Le sentiment de deuil est à l'avance conjuré. Le second écueil tient à une adhésion plus ou moins consciente en quelque toute puissance de la science médicale, ce qui renvoie à celle des Maîtres qui l'ont incarnée. Il tient également à une surestimation du Don que peut faire le médecin. Le deuil du patient devient alors celui, bien plus difficile, d'un imaginaire prestige et de la perte d'une fonction grandiose.

Il nous faut aborder à présent un autre aspect des souffrances psychiques accompagnant une disparition. Vous la côtoyez. Je veux parler du deuil des familles et des proches. Il peut commencer avec le décès. Il peut avoir anticipé l'instant de la mort biologique. Il arrive qu'il soit refusé. Si nous exceptons les personnes ayant perdu tout lien affectif ou social, chaque mourant appartient à un ensemble de parentés. Pour les proches, celui qui décède est une mère, un père, un fils, une fille, cousin ou une amie de la famille. Aucun de ces liens n'a débuté dans les circonstances hospitalières que nous connaissons. Nous ne pouvons donc prétendre intervenir dans un vécu relationnel dont nous ne savons pas grand-chose. Cependant nous devenons témoins d'une signification radicale de ces liens, parce que leur histoire aboutit devant nous à son achèvement. Vous savez combien les derniers instants entre conjoints, entre parents et enfants, même entre amis, sont riches en derniers souhaits, en retrouvailles, en sentiments d'abandon, en culpabilités. Examinant ces comportements, paroles, attitudes ou émotions, la psychanalyse s'est attachée à comprendre la dimension inconsciente qui les sous-tend. Nous devons à Freud un constat : « c'est à l'approche de la mort qu'apparaît de la façon la plus manifeste la profonde ambivalence de l'âme humaine ». L'être le plus aimé est aussi celui dont nous avons détesté les empiétements sur notre liberté et restrictions imposées à notre narcissisme. Il n'est de lien affectif durable qui ne puisse se maintenir sans la puissance du refoulement des vindictes, des revendications, des rétorsions agressives, des vœux de disparition. Ainsi celui ou celle dont nous supportons si mal la mort après tant de satisfactions et d'amour, est également celui ou celle dont nous avons souhaité le plus souvent, au plan inconscient, l'élimination. Dans l'une des Cinq Psychanalyses[8], Freud relate le cas de ce patient qui voyait en rêve le fantôme accusateur de son père : « C'est, remarque-t-il, que le fils n'était pas sans savoir que ce père était mort (selon son vœu) ». Devant le décès de leur parent ou à son approche, nombre de ceux qui viennent dans le service font preuve d'une exigence immodérée, ou bien s'exténuent en des veilles répétées ; ou encore se font un vif reproche de n'avoir pas su entourer suffisamment leur malade. Vous avez beau les raisonner, leur affirmer que leur conduite fut en tous points exemplaire, ils maintiennent leur verdict déraisonnable. Ils se sentent coupables. En réalité, cette culpabilité n'est pas fondée sur leur récent comportement. Elle procède de tous les vœux inavoués ou inavouables qu'ils ont formulés et refoulés au temps de leur amour. Devant le mourant, tout se passe comme si la part caché d'une vérité de leur vie affective tentait de s'imposer à leur conscience dans une sorte de jugement dernier. Ils doivent alors multiplier les défenses par un excès de dévouement. Et si ces dernières sont insuffisantes, c'est devant vous qu'ils plaident leur cause par un aveu déguisé.

Lors d'une prochaine conférence nous reviendrons plus en détail sur les aspects de la culpabilité inconsciente que laissent émerger ces situations de désarroi. Pour le moment, notons que la compréhension de tels mécanismes psychiques est salutaire au sein d'une équipe de soins palliatifs. Il importe que les soignants ne prennent pas pour une attaque « ad horminem », ou pour une mise en question de leur propre travail les plaintes, accusations, ou évitements injustifiés. Ce sont les projections d'un conflit intra psychique inévitable chez ceux qui vont perdre ou viennent de perdre un être proche. L'angélisme qui nierait cette vérité, comme la dureté qui n'en voudrait rien savoir, peuvent tenter tel ou tel soignant. Il lui semble y trouver une protection. Et cela est

---

[8] Sigmund FREUD, 1970, « Cinq Psychanalyses », Ed PUF.

tout à fait compréhensible. Cependant il s'agit d'un abri précaire, parce qu'il est fondé sur une déréalisation partielle de la situation psychique dans laquelle il se trouve impliqué, pour ne pas dire provoqué. Ses positions intellectuelles, si raisonnables lui paraissent-elles, n'empêchent pas qu'il soit affecté, au sens étymologique du terme, par le réseau émotionnel qui l'inclut.

De ce fait il est plus réaliste de penser que c'est au contraire la discussion en groupe, l'explicitation de ces émotions écartées ou refoulées, qui soit son meilleur rempart. L'importance d'un groupe de parole au sein d'une équipe de soins palliatifs n'est plus à souligner. Reste que les conditions de son efficacité dépendent du temps qui lui est consacré, de sa permanence, de l'absence de rivalités ou de préjugés qui parvient à s'y faire jour. C'est chose difficile. Mais cela s'avère le meilleur laboratoire où puisse être travaillée cette « résection des passions de l'âme » qu'enseignaient les anciens. Elle vise à nourrir, restaurer, entretenir une neutralité bienveillante comparable à celle que Freud recommandait à ses élèves.

II

AUTOUR DU CONCEPT D'ANGOISSE

> « Les sujets d'effroi ne sont pas identiques pour tous et, par cette expression, nous désignons aussi ce qui parfois excède les forces humaines »
>
> *Aristote*
> *Ethique de Nicomaque*
> *Livre III*

Nous voici réunis pour aborder une notion que tout le monde a l'occasion d'évoquer ou d'éprouver : l'angoisse. Evidemment ce thème de travail ne peut que retenir l'attention de médecins, psychologues, soignants, se trouvant confrontés aux difficultés de la clinique palliative.

Si j'ai choisi pour titre « Autour du concept d'angoisse » c'est pour indiquer que la notion commune d'angoisse est assez vague et que se pose la question d'une conceptualisation plus rigoureuse. On pourrait en effet reprendre à propos de l'angoisse ce que Saint Augustin disait de la notion du temps : « Quand on ne m'en parle pas, je la connais. Si je dois l'expliquer, je ne le puis ».

En premier lieu, nous allons nous livrer à une délimitation d'emploi de certains mots. Si l'on s'en tient à une connotation émotive, on peut partir du vécu psychique que Freud appelle « l'effroi », plus ou moins intense. Il remarque à ce propos que l'effroi est lié à une situation où le sujet se sent dans un état de détresse. Autrement dit, il mesure son impuissance ou son manque de puissance par rapport à un événement qui déborde sa capacité de réaction. Tout se passe comme s'il n'avait pas les moyens de transformer la réalité qui l'assiège. Freud remarque que cette situation de détresse est repérable chez le nourrisson ou le jeune enfant dont l'adaptation à l'environnement est encore fragile. On peut faire le même constat à propos d'un phénomène de panique. Les membres de la foule se sentent incapables de conjurer le danger qui les menace. On peut donc dire que le facteur déclenchant du sentiment d'effroi se situe bien dans la perception ou la représentation d'une réalité menaçante. Ce qui va nous intéresser aujourd'hui concerne plus précisément l'effet de cette réalité sur le sujet, c'est-à-dire, l'état anxieux.

Freud lui-même, puis Lacan, ont insisté sur différentes manifestations de ce phénomène général. L'usage s'est répandu, dans le milieu psychanalytique, de distinguer par trois termes spécifiques les trois modalités principales du vécu qui nous intéresse. Il m'a semblé que cette discipline de langage pouvait être profitable en situation de soins palliatifs. Il s'agit d'une convention. On pourrait trouver d'autres termes. L'essentiel tient à ce que la réalité qu'ils représentent soit identique pour les différents membres d'une équipe.

Voici donc les trois notions que nous allons employer.

Nous retiendrons d'abord le terme de **peur** lorsque la vague émotionnelle et les symptômes physiques qui l'accompagnent sont repérés par le sujet comme relatifs à un objet. Cet objet, il le situe dans le champ perceptif. Par exemple, un patient a peur d'une tache de sang, d'un scalpel sur une table, d'une détonation, etc. Un enfant aura peur d'un grincement de plancher, d'un silence soudain, d'une ombre qui, au clair de lune, semble animer les rideaux de sa chambre. Vous pouvez multiplier à l'infini les exemples. La condition du bon emploi du terme est que la personne puisse situer « ce qui lui fait peur » dans le champ de sa perception. Vous pouvez d'ailleurs sur ses indications détecter dans certains cas « l'objet » de sa peur.

Vous remarquerez que suivant les conditions spatio-temporelles l'objet de la peur peut prendre l'allure d'un événement imprévu, soudain. Par exemple un enfant débouche du trottoir et passe en courant devant le capot de ma voiture. A l'opposé, l'événement peut être prévisible, annoncé, et ma peur va s'amplifier au fur et à mesure que le danger se précise. C'est le cas d'un baigneur rattrapé, sur un ban de sable, par la marée montante. Dans les deux situations, toutefois, l'objet de peur est bien circonscrit dans l'espace avec un facteur variable quant à sa durée.

Il est intéressant de ce point de vue de prêter attention à l'environnement d'un malade. Des instruments, bruits, odeurs qui nous sont familiers peuvent être pour lui des occasions de peur. Je pense à ce patient qui guettait avec appréhension les râles d'un agonisant voisin, bruit qui le terrorisait.

Abordons à présent une autre convention de langage. Nous nous servirons du terme **d'anxiété** lorsque l'objet n'existera pas dans le champ perceptif, dans l'environnement réel, mais qu'il constituera une représentation. Il appartient au champ des images qui s'imposent au sujet. Par exemple, ma nièce doit venir dîner à vingt-deux heures. Elle n'est pas arrivée. J'imagine, je me représente, un accident de voiture qu'elle pourrait avoir eu sur la route. Je deviens de plus en plus anxieux. Cette anxiété a pour objet ma représentation, bien que l'environnement de mon salon soit tranquille et réconfortant. De même, un malade apprend qu'il va subir une exploration ou une petite intervention. Rien dans sa chambre ne lui fait peur, mais l'évocation qui envahit sa conscience de l'intervention à venir, ou son association avec une intervention passée qu'il évoque en mémoire, génèrent un sentiment d'anxiété. Là aussi le facteur temps peut intervenir. La représentation imaginaire peut durer un instant et céder devant le vécu dans la réalité. Par exemple un événement intervient qui dissout mes images, ou bien la représentation est prolongée par une attente qui la rend de plus en plus obsédante. Pour reprendre mon premier exemple, mon anxiété va croître au fur et à mesure que le temps s'écoulera sans que ma nièce n'arrive ou ne téléphone.

C'est donc bien pour isoler un état émotionnel différent, et pourtant proche, que nous donnerons un sens plus précis, une compréhension plus restreinte au terme d'angoisse. De quoi s'agit-il ? Eh bien nous définirons comme « angoisse » un état dont le sujet nous dit qu'il est incapable de la rapporter à un objet quelconque. Ni à un objet perçu, ce serait de la peur. Ni à un objet représenté, ce serait de l'anxiété. Apparemment l'angoisse est sans objet. Vous avez sûrement eu l'occasion de voir un malade qui se réveille le matin et se sent angoissé. Mais il ne voit pas du tout à quoi rapporter cette angoisse. Il ne peut faire état d'aucun événement réel ni d'aucune idée qui l'explique. Cette angoisse peut aller du malaise diffus à la bouffée d'angoisse massive.

Pourtant, remarque Freud, l'angoisse n'est pas sans objet. L'objet qui la suscite n'est ni perceptible, ni inimaginable, parce qu'il constitue une représentation inconsciente. Si le signal émotionnel de danger, l'angoisse, est ressenti au niveau du Moi conscient, la représentation à laquelle il se rapporte échappe en fait à la connaissance du sujet. Elle a été refoulée. Ou, plus précisément, elle est maintenue dans le refoulement. Nous reviendrons plus en détail sur les problèmes que cela soulève.

Pour l'instant nous pouvons nous attacher à une question que soulèvent les trois niveaux que nous convenons de distinguer par les termes de peur, d'anxiété ou d'angoisse. En effet, si le bien fondé de cette distinction s'impose dans l'observation, nous remarquons qu'une indiscutable parenté réunit ces trois modalités émotionnelles. En quoi sont-elles comparables ?

Dans *Inhibition, Symptôme et Angoisse* [9] Freud donne une raison de cette proximité. Elle tient, dit-il, à la similitude du modèle de défense. Comment le sujet cherche-t-il à se défendre contre l'impression d'une menace ou d'un danger ? Evidemment, vous pourriez trouver curieux d'opérer un classement en fonction d'un système de défense. Mais je devine que vous ne vous arrêterez pas longtemps à cette suspicion. Car vous êtes médecin. Vous savez que tout organisme sécrète des défenses

---

[9] S.Freud, « Inhibition, Symptôme et Angoisse », op. cité.

adaptées aux différents types de dangers qu'apporte l'environnement. C'est le fruit de l'évolution et l'une des conditions de survie de l'espèce. Pour Freud, la vie psychique est aussi un processus lié à l'Evolution. Comme la vie organique, elle doit préserver son intégrité. L'hébétude, la folie, la dépression suicidaire nous le rappellent. Comment ce psychisme réagit-il habituellement devant une situation de détresse ?

Dans le cas de la peur, remarque FREUD, le moyen naturel consiste à provoquer la disparition de son objet. Il ne doit plus se maintenir dans le champ de la perception. Or, il y a deux moyens d'aboutir à ce résultat. Ce sont l'éloignement de l'objet ou la fuite devant lui. Ce qui est le réflexe le plus fréquent. Un enfant qui a peur d'une chose va jeter quelque voile, carton, jouet sur elle, ou va prendre les jambes à son cou. Autrement dit, la réaction qu'entraîne la peur est une conduite d'évitement qui mobilise la motricité musculaire. Notez que nous partageons ce réflexe avec la plupart des animaux.

Dans le cas de l'anxiété, nous développons aussi une conduite d'évitement, mais elle est mentale. Nous nous efforçons de chasser l'idée obsédante. Pour ce faire, nous n'avons d'autre moyen que de détourner notre attention de sa représentation. Pour illustrer ce propos, je reprendrai l'attente de ma nièce, et mon évocation d'un possible accident de voiture. Il est vingt-deux heures. Je décide d'allumer la télévision avec l'idée que s'il y a un tel accident on en parlera peut être durant le journal régional. Le présentateur aborde un sujet politique, puis un incident diplomatique, un conflit en Orient, etc. Au fur et à mesure mon attention est orientée vers les images et les commentaires qui se succèdent et…j'en oublie ma nièce, plutôt, ma représentation de l'accident de voiture n'est plus investie. Lorsque je fermerai le poste, l'attention sera libre d'emploi, et l'idée anxiogène réapparaîtra dans mon champ de conscience. Ce sera la fin de ma conduite d'évitement psychique.

Permettez-moi d'ouvrir ici une parenthèse clinique. Lorsqu'un malade souffre d'une anxiété dont il nous communique la représentation, sommes-nous de grande utilité en commentant avec lui les pensées qui l'occupent, ou encore, en tentant de le raisonner ? Il serait sans doute plus efficace de déplacer son intérêt vers un autre sujet de préoccupation. Le soulagement s'avèrerait peut être provisoire, peut être plus durable, mais au moins il serait bénéfique.

Abordons à présent le symptôme d'angoisse au sens précis du terme. Ce qui est dangereux et que nous désignerons si vous le permettez comme « objet interne », doit être éloigné de la conscience. Or, il ne peut s'agir ici d'un éloignement physique ni d'un effacement imaginaire par détournement d'attention. Ainsi, dans ce cas, un autre processus d'évitement est à l'œuvre. C'est le refoulement lui-même qui va en assurer l'efficacité. Ce qui est refoulé, nous précise Freud, c'est le représentant psychique de l'objet désiré ou interdit ou menaçant. Cependant, l'émotion liée à ce représentant reste flottante et demeure accessible à la conscience. Ainsi, bien que l'objet inconscient ne puisse être ni perçu ni imaginé, son corrélat émotionnel en constituera une sorte de trace, pénible pour le Moi.

Pour résumer cette communauté des défenses contre l'effroi et ses trois modes principaux, disons que l'on fuit l'objet de la peur, que l'on éloigne psychiquement l'objet d'anxiété, et que l'on refoule l'objet d'angoisse.

A présent notre intérêt va se polariser sur l'angoisse elle-même. Et nous allons bien entendu étudier plus en détail les processus qu'elle met en jeu, tels que les dévoile la cure psychanalytique.

Toutefois, avant d'en venir à ce domaine complexe, je crois bon d'attirer votre attention sur un point. Il s'agit de la proximité des trois états psychiques que nous venons de distinguer.

Cette proximité peut expliquer une donnée clinique à laquelle vous êtes habitués. Il arrive qu'une peur, au sens où nous l'avons définie, soit le point de départ d'un déplacement dans le champ imaginaire. Autrement dit, elle induit une anxiété. Il arrive aussi qu'une peur ou une anxiété repérables induisent une crise d'angoisse. En ce cas, même si l'anxiété ou la peur ont été levées, l'angoisse subsiste et nous paraît inexplicable. Prenons deux situations cliniques pour concrétiser ces déplacements.

Voici la première. Un adolescent doit subir une légère intervention chirurgicale. On lui a dit qu'elle était sans risque et très fréquente. Néanmoins l'avant veille, puis la veille de l'opération il manifeste une anxiété croissante. Les représentations auxquelles il se réfère se déploient dans deux directions. La première concerne l'anesthésie. Sera-t-elle suffisante, ou trop lente à s'établir ? Ou bien, au contraire, qu'adviendrait-il si elle était trop forte, si on ne parvenait pas à le réveiller ? Le second thème de représentations concerne l'intérieur de son corps. N'allait-on découvrir quelque chose de plus grave ? Et s'il faisait une grosse hémorragie ? Et si le chirurgien, bien qu'habitué, faisait une erreur ? Certes notre adolescent jugeait ces évocations inutiles et excessives. Néanmoins, comme la plupart des images anxiogènes, elles l'obsédaient.

L'opération se déroula sans problème, le réveil fut aisé. Le soir, le patient regagnait sa chambre, détendu et satisfait. Le lendemain matin, au réveil il fut saisi d'une crise d'angoisse dont il ne pouvait rien expliquer. Tout allait bien, il n'avait plus à s'inquiéter, et pourtant... pourtant l'angoisse, au sens précis du terme était là, massive. Les associations d'idées conduisirent à une supposition latente : peut-être le chirurgien avait-il menti. Derrière le visage familier se devinait une ombre, un fantôme projeté. C'était celle du punisseur qui avait été porteur dans son enfance des menaces imaginaires de castration. Vous le remarquerez, un lien existe entre l'un des motifs d'anxiété de la veille et l'objet inconscient de l'angoisse. L'erreur possible du chirurgien, faute professionnelle dont il évoquait la possibilité, l'a renvoyé à ses propres fautes, à sa propre culpabilité inconsciente, incestueuse. Que l'opération ait été réussie par le médecin ne faisait que renforcer la seule culpabilité qui puisse demeurer : la sienne face au Punisseur. Ainsi, l'angoisse de castration qui se faisait jour renvoyait à son histoire passée, alors que les anxiétés de la veille avaient leur objet dans un avenir proche.

Voici à présent une autre histoire clinique. Il s'agit d'une femme célibataire. Elle est entrée dans le service à la suite de douleurs abdominales, de troubles, de grande fatigue, avec, chez son médecin généraliste suspicion de cancer. Le chef de service la reçoit très aimablement. Il est chaleureux, lui dit de ne pas s'inquiéter. Il ajoute que pour pouvoir établir un diagnostic il faut d'abord qu'elle subisse un examen radiographique. Ainsi on pourra agir vite et la sortir d'affaire. Il est midi et la radio est prévue pour la fin d'après midi. Inutile de vous dire que cette patiente est anxieuse. Cela fait un certain temps qu'elle ne se sent pas bien. Il a fallu la décider à venir à l'hôpital. L'ambiance du service ne la rassure pas. Elle envisage les possibilités les plus sombres. A-t-elle un cancer ? Bref différents motifs d'anxiété occupent son esprit. L'impression que le médecin voulait agir d'urgence fait le reste.

En fin d'après midi, le service radiologie prévient qu'en raison de surcharge de travail imprévue il ne pourra s'occuper de la patiente dans la soirée. L'examen est remis au lendemain matin. On prévient la femme en lui disant de patienter. Sa radio étant prévue en début de matinée, on aura les résultats très vite. La voici donc laissée avec ses anxiétés. Elle passe une assez mauvaise nuit.

Le lendemain matin, elle demande vers dix heures pourquoi on ne la conduit pas en radiologie. On lui répond que cela ne saurait tarder. A onze heures, rien. A midi, une infirmière passe lui dire qu'il y a eu un contretemps et que son tour viendra dans l'après midi. Le chef de service apprenant ce retard décide de ne pas la revoir avant la fin d'après midi, résultats en mains.

Notre patiente passe la radio vers quinze heures. Ses anxiétés s'apaisent. Le radiologue lui dit qu'au premier examen rien ne paraît bien grave. Elle revient dans sa chambre. Une demi-heure plus tard, elle apprend que le médecin passera dans la soirée. Pourquoi, alors qu'elle se rassure et se voit entourée de soins, une crise d'angoisse indéfinissable vient-elle alors la submerger ?

Là aussi nous devons quitter le niveau des difficultés d'organisation du service et de leurs impacts sur l'anxiété du malade. Pourtant ce sont bien eux qui ont induit l'angoisse. Par quel biais ? eh bien nous remarquons que le médecin chef de service s'est positionné, d'entrée de jeu, comme un homme qui désirait vivement soulager sa malade : « Faites-moi confiance, je veux vous soigner. Cependant il pourrait y avoir urgence, et je vais agir de suite ».

Dans la situation de non-savoir et de dépendance où se trouve la patiente, elle se fie totalement à ce désir. L'image du médecin rejoint celle des imagos salutaires qui ont veillé sur sa vie : mère secourable, père protecteur et tout puissant. Malheureusement les dysfonctionnements que nous venons d'évoquer entraînent chez la patiente une série d'interrogations. S'il voulait la secourir, et si cela était urgent, pourquoi ces retards ? Ne courait-elle pas un danger ? Mais alors, pourquoi le médecin n'est-il pas venu comme prévu à deux heures ? Etait-ce par désintérêt ? Ou se moquait-il de ce qui risquait de lui arriver ? Toutes ces interrogations réactivent une situation originaire de dépendance absolue au savoir et au pouvoir. Comme à l'aube de sa vie, la patiente ne peut que mesurer sa propre impuissance devant la puissance décisive de l'Autre. L'objet inconscient, au-delà de la personnalité actuelle du médecin, est recelé par cet Autre préhistorique qui hante sa mémoire. Et l'indécidable d'où surgit l'angoisse tient à ceci : quel est son désir ? Veut-il son salut, conformément aux premières paroles du chef de service, ou veut-il sa perte, conformément aux signes d'abandon que constituent le silence et l'absence du chef de service ?. Bref, quelle est la vérité d'un désir auquel elle est assujettie et dont va dépendre qu'elle survive ou qu'elle meure ?

Ces deux illustrations cliniques vous permettront, je l'espère, de mieux situer la différence de plan et cependant la relation qui existe entre anxiété et angoisse. Elles nous donnent aussi l'occasion d'étudier plus avant ce que l'on pourrait appeler la qualité psychique de l'angoisse à l'égard de son objet inconscient.

Une première remarque s'impose. Alors que la peur concernait un fait de perception, alors que l'anxiété s'attachait à un fait de représentation personnelle, l'angoisse nous renvoie à une situation relationnelle. Pour notre adolescent, elle impliquait chez le personnage d'ombre une éventuelle intention castratrice. Pour la femme, elle impliquait une éventuelle intention de l'abandon à la mort.

La deuxième remarque touche à la fonction de l'indécidable. Nos deux patients sont dans l'impuissance de trancher entre une bienveillance ou une malveillance. A leur demande de secours, la réponse attendue peut être celle de la haine aussi bien que celle de l'amour.

Enfin, rappelons le, cette situation relationnelle, porteuse d'angoisse, ne concerne aucun être de la réalité présente. Certes la relation sociale peut, par analogie de structure, la réactiver. Mais fondamentalement il s'agit d'une relation intra-psychique, qui se déploie entre diverses instances du sujet. L'angoisse le renvoie à des fantômes, qui ainsi que dans un rêve inquiétant, lui disent quelque chose de son histoire pulsionnelle et émotionnelle.

Enfin, nous pouvons noter dans ces exemples la présence de deux formes d'angoisse. Nous avons pointé chez l'adolescent une angoisse de castration. Par contre, nous avons vu que la patiente était en proie à une angoisse de mort. Il se trouve que la psychanalyse a longuement cherché à préciser une articulation entre ces deux modalités psychiques.

Abordons d'abord le thème de l'angoisse de castration.

En cas d'angoisse, remarque Freud, une « *situation de danger* » provoque dans le Moi un signal dont est conscient le sujet. Ce signal signifie, je cite : « je m'attends à une situation de détresse. Ou bien la situation présente me rappelle un événement traumatique du passé ». L'angoisse est donc d'une part une émotion correspondant à l'attente d'un traumatisme, et d'autre part une répétition atténuée de celui-ci. De quel traumatisme psychique s'agit-il ? Pour le cerner on peut dire qu'il s'agit d'une impuissance, d'une détresse, face à la pulsion. Si la tension en quête d'objet de satisfaction est très puissante, l'objet qu'elle vise devient dangereux en tant que la jouissance qui y est attachée pourrait submerger le Moi Idéal. Qu'entendre par-là ? Rappelez-vous ce qui a été dit sur l'effraction que constitue l'extrême douleur si proche, on le sait, de l'extrême plaisir. Eh bien, l'organisation, le régime habituel du Moi, seraient ébranlés. Ce Moi Idéal est soutenu par le regard et l'amour de l'autre. C'est lui qui me rassure sur le fait que je suis « aimable ». « La revendication pulsionnelle qui m'envahit devient alors un danger intérieur parce que sa satisfaction entraînerait un danger extérieur ». Par exemple une pulsion agressive à l'égard d'un frère ou d'une sœur qui vient de naître entraînerait par sa satisfaction la perte de l'amour et de l'approbation affective de ma mère ou de mon père, appréciation qui me soutient et m'assure que les objets désirés, le sein ou la voix maternelle, ne me deviendront pas hostiles.

On connaît la formule de Freud « l'Inconscient, c'est l'infantile en nous ». Aussi, les objets du désir inconscient sont-ils essentiellement ceux des satisfactions liées au corps maternel. Lorsque nous étudierons la régression, nous évoquerons cette remontée à travers les images construites en mémoire vers des objets de plus en plus archaïques. En raison du développement de l'enfant et de son entrée dans l'ordre de la Loi, cette convoitise, au départ naturelle, subit un effet d'après coup, due à la prise en compte de l'interdit. Dès lors ce que l'on appelait objet de désir archaïque s'appelle aussi bien objet du désir incestueux. De plus, qui dit prise en compte de l'interdit, à un certain niveau de développement de la raison, signifie aussi conscience de la menace qui accompagne l'interdit. Pourquoi dire ici que cette menace se présente précisément comme une menace de castration ?

Je ne vais pas développer toute la thématique de l'Œdipe et la mise en place du complexe de castration. Je vous renvoie, si vous souhaitez en connaître une présentation détaillée, à *l'Introduction à la psychanalyse*[10], *chapitre XXI*, de Freud lui-même. Cette leçon était destinée à des étudiants en médecine. Freud la conclut par une citation de Diderot, dans *Le neveu de Rameau* : « Si le petit sauvage était abandonné à lui-même, qu'il conservât toute son imbécillité et qu'il réunit au peu de raison de l'enfant au berceau la violence des passions de l'homme de trente ans, il tordrait le cou à son père et coucherait avec sa mère ».

Pour notre propos je m'en tiendrai plutôt aux remarques suivantes. Le penchant qui aboutit à l'angoisse de punition est conforme à la loi du talion. Nous nous sentons menacés de perdre ce dont nous voulons jouir dans le corps interdit. Les rejetons de cette sanction peuvent d'ailleurs se symboliser dans différentes expressions corporelles de la perte. La clinique nous en offre des exemples dans des pertes temporaires de fonction telles que paralysies, enrouements, troubles visuels etc. Plus radicalement, toutes les images de séparation d'une partie du corps, de mutilation, d'ablation, d'évirement interne forment autant de représentations des sanctions virtuelles liées à l'angoisse de castration. Vous saisissez donc l'importance de cette dimension intra-psychique lors des maladies graves et interventions lourdes qui ont précédé chez un malade son entrée en soins palliatifs.

Voici maintenant une seconde remarque. La problématique de la castration ne renvoie pas à un fait occasionnel. Elle constitue un fait de structure inhérent au décalage qui existe entre diverses maturations du petit humain dans l'histoire de son développement. Ce fait conjoint l'intrication des dispositions instinctuelles et de la construction culturelle de l'être parlant.

---

[10] Sigmund FREUD, « Introduction à la psychanalyse », n° *6PBB*, *Chapitre XXI*, Ed Payot.

Rappelons quelques moments significatifs. De un mois à trois ans, la survie de l'enfant et les satisfactions qui la confirment dépendent entièrement du corps maternel, de ses comportements, de ses images. Vers un an, il anticipe par le miroir l'unité de ses propres champs pulsionnels et de son propre corps. Un an plus tard, il assumera sa capacité de langage. Il devient maître de ses déplacements et donc de ses emprises. A trois ou quatre ans, les différents courants de sa libido convergent vers une intense préoccupation sexuelle que Freud a appelé « La première puberté ». Vers cinq ou six ans, la différence des sexes dans leur rapport à la jouissance se clarifie. Des identifications aux parents, en tant que sexués, se sont mises en place. Enfin, la tradition situe vers sept ans l'âge de raison, soit la conscience claire du bien, de l'interdit, du mérite, ou de la séduction.

Il est donc indubitable que la superposition des lois culturelles à l'ordre naturel, la confrontation des puissances pulsionnelles à la rigueur éducative, la transmission d'un ordre symbolique de parentés, parallèlement à la continuité du sang, bref, l'immersion de l'enfant dans un champ de langage lors même de la maturation de ses adaptations à l'environnement, ne va pas sans une restriction de ses capacités de jouissance. Ceci implique la rude élaboration de désirs inter humains qui soient bridés par la loi. Tous ceux qui se souviennent de leur petite enfance, mais également qui la revivent dans les enfants qu'ils élèvent dès l'aube de la vie, côtoient cette conflictualité entre les exigences pulsionnelles et l'intolérance à la frustration. Toutefois, Freud apporte une dimension anthropologique à ces faits communément observables. En liant le développement émotionnel et intellectuel de l'homme au déploiement de son équipement biologique, il remarque que si l'embryon, le fœtus, retracent de façon accélérée diverses phases de l'Evolution, le psychisme du jeune enfant parcourt les étapes qui conduisirent l'espèce humaine de ses réactions émotionnelles primitives à ses acquis culturels d'aujourd'hui. L'inceste, le meurtre du père et le complexe de castration sont des étapes structurales qui permirent l'avènement de la civilisation, et qui demeurent la condition d'une société d'êtres parlants.

A présent, avançons, si vous le voulez bien, non du côté de chez Swan, mais du côté de l'angoisse de mort.

En premier lieu, je voudrai évoquer une affirmation de Freud : « il n'y a pas dans l'inconscient de possibilité pour le sujet de représenter sa mort ». Vous avez sans doute entendu quelques échos de cette remarque. De quoi s'agit-il ? Nous savons que dans l'inconscient toute pensée est représentation d'une pulsion et de l'objet qu'elle vise. Autrement dit, il n'y a pas d'autre vie psychique inconsciente que celle du désir. Entendons par-là, une transposition émotionnelle et représentative des tensions physiologiques. L'état de mémoire inconscient est donc un remaniement, une insistance permanente de ces « pensées de désir ». Se représenter sa propre mort supposerait pour le sujet l'extinction préalable de cette insistance psychique. Une telle extinction ne peut elle-même advenir que par la cessation de toute production métabolique, soit après la mort organique. La formulation freudienne « l'inconscient ne peut se représenter sa propre mort » a surtout l'intérêt de nous rappeler une notion clinique déjà évoquée à propos de l'angoisse de castration. S'il y a angoisse de mort, elle apparaît, comme signal, au niveau du Moi. Nous approfondirons tout à l'heure ce que signifie « au niveau du Moi », et comment ce Moi s'avère le siège de toutes les formes d'angoisse.

Mais pour l'instant, je vais au devant de la question que vous pourriez formuler : si l'angoisse de mort ne représente pas pour le sujet sa propre disparition, de quelle mort s'agit-il ? A première vue on pourrait avancer qu'il s'agit de la mort de quelqu'un d'autre. Par exemple celle du quidam, du rival, que l'on hait profondément et qui deviendrait lors de ses obsèques un de ces « chers disparus » pour qui l'on verse des larmes de crocodile. En poussant un peu plus le raisonnement, il pourrait s'agir de mon désir de le liquider. Là on retrouve le danger pulsionnel auquel nous avons déjà fait allusion. Ainsi la puissance de cette pulsion de destruction menacerait mon Moi Idéal. Idée qui serait conforme à l'adage voulant que l'on résiste à tout sauf, précisément, à la tentation.

Votre expérience clinique, pourtant, objecte à ce genre d'explication. Vous voyez bien chez vos grands malades une autre connotation de leur angoisse. Ils semblent plus sujets à une sorte de crainte d'abandon à la mort ou de néantisation, d'égarement, voire de dispersion psychique que de vindicte à l'égard d'autrui. D'ailleurs, s'ils pouvaient désigner un objet de destruction, ils seraient habités par une haine consciente, voire par un sentiment de culpabilité. Ce ne serait plus refoulé. Néanmoins, nous avons déjà évoqué le fait que l'angoisse surgissait lorsque quelque chose d'indécidable affectait le sujet. Autant dire que l'on peut ranger l'angoisse, comme l'a fait Lacan, dans la catégorie des « affects », ou si vous préférez, des émotions. Or, il ne s'agit ni d'une émotion telle que l'amour, ni d'une émotion telle que la haine. Il s'agit d'une émotion résultant de ce que le sujet ne peut trancher entre l'amour et la haine, ne peut savoir s'il est objet d'amour ou de haine ; si sa pulsion lui valait de l'amour ou de la haine. La clinique nous montre d'ailleurs que l'angoisse se dissout lorsque cet indécidable est tranché, soit par des événements dans l'entourage du malade, soit par une sorte de changement de position psychique opéré en lui-même. Au plan phénoménologique, il semble éclairant de situer l'angoisse, celle dont l'objet n'est pas conscient, comme un affect commutatif entre la haine ou l'amour visant cet objet et dépendant de lui. Toute énigme se focalise donc autour d'une interrogation : comment un objet d'amour et un objet de haine peuvent-ils se trouver en concurrence, ou s'agit-il de deux représentations du même objet ?

Au point où nous sommes rendus, et tenant compte aussi bien des formes d'angoisse de castration que de celles d'abandon à la mort, nous allons tenter d'avancer dans cette problématique du Moi dont Freud nous dit qu'il est le lieu psychique où se produit l'angoisse.

Dans le séminaire sur la Relation d'Objet, Lacan a consacré une étude minutieuse au cas du petit Hans qui développa une névrose phobique dont Freud rapporta les éléments et la résolution. Il s'agit d'une des *cinq grandes psychanalyses*.

Lacan remarque qu'il ne faut pas confondre la phobie des chevaux, plus précisément, du cheval qui mord, dont le petit Hans fait état, et l'angoisse qui l'étreint. En effet, l'angoisse a précédé la phobie qui va permettre une peur consciente d'un objet et délivrer l'enfant de son angoisse massive. Cela correspond bien à ce que nous avons évoqué précédemment à propos de la peur, de l'anxiété et de l'angoisse.

Mais d'où provient donc l'angoisse première ? Quand débute-t-elle ? Eh bien lorsque le petit Hans a son « fait pipi », qui manifeste une capacité de jouissance, non plus urinaire mais sexuelle, et plus exactement masturbatoire, il s'intéresse alors énormément à tous les fait-pipi, celui de son père, de sa mère, des animaux etc.
En quoi cette maturation a partie liée avec l'angoisse ? Je cite ici Lacan : « jusque là, l'enfant est dans le paradis du leurre. Est-ce pour lui satisfaisant ? Il n'y a aucune raison qu'il ne puisse

mener très longtemps ce jeu de façon satisfaisante. L'enfant essaye de se couler, de s'intégrer dans ce qu'il est pour l'amour de la mère. Et avec un peu de bonheur, et même très peu, il y parvient, car il suffit d'un indice, si faible soit-il, pour sanctionner cette relation si délicate ». Lacan a noté auparavant que le jeu du bonheur pour un enfant comme Hans est un jeu où on est ce qu'on n'est pas, où on est pour la mère tout ce que la mère veut.

Mais qu'arrive-t-il au petit Hans ? Je cite à nouveau : « à partir du moment où intervient sa pulsion, son pénis réel, apparaît un décollement. Il est pris à son propre piège, dupe de son propre jeu, en proie à toutes les discordances, confronté à la béance immense qu'il y a entre satisfaire à une image, et avoir quelque chose de réel à présenter, présenter « cash » si je puis dire. Ce qui ne manque pas de se produire, ce n'est pas simplement que l'enfant échoue dans ses tentatives de séduction pour telle ou telle raison, ou qu'il soit par exemple refusé par la mère. Ce qui joue alors le rôle décisif, c'est que ce qu'il a en fin de compte à présenter lui apparaît (nous en avons mille expériences dans la réalité analytique) comme quelque chose de misérable ». Fin de citation.

Retenons de ce passage, si vous le voulez bien, quelques points fondamentaux.

D'abord son existence est pour Hans vouée à l'image qu'attend de lui sa mère ou dont il suppose qu'elle l'attend. Le Moi Idéal du garçon, ce qui est en lui aimable, et donc narcissiquement investi, se soutient de ce champ imaginaire. Tout va bien tant qu'il peut se maintenir dans ce leurre où il peut être, comme dit Lacan, « tout ce qu'il n'est pas ». Mais cette représentation de lui-même où il se retrouvait sans cesse, se trouve lézardée par une autre réalité de lui-même, sa dimension pulsionnelle et la taille d'un petit fait-pipi qui devient comme le disait joliment Descartes, « son tourmenteur ».

Ces discordances exigent deux clés pour que se dissolve l'angoisse. D'une part la transposition de ce qui arrive au petit Hans dans un champ de significations que seuls peuvent lui apporter l'échange verbal et l'accès à un certain savoir des adultes, d'autre part, le renoncement à la séduction et à la toute puissance narcissique devant ce à quoi ses parents, éclairés par Freud, vont le confronter, à savoir, une transmission de la Loi. En fait ils sont à ce moment confrontés eux-mêmes à la vérité de leur désir.

Au-delà du cas du petit Hans vous pouvez à présent mieux comprendre que, dans les situations cliniques auxquelles vous avez affaire, il est une sorte de temps de passage, entre un avant et un après, qui favorise l'éclosion de l'angoisse. Comment expliquer cela ? Eh bien je reprendrai une formulation de Lacan dans le même séminaire. La voici : « l'angoisse est corrélative d'un moment où le sujet est suspendu dans un temps où il ne sait plus où il est, vers un temps où il va être quelque chose où il ne pourra plus jamais se retrouver ».

Je ne doute pas que vous soyez frappés par ce qu'évoque cette formule dès que l'on songe à de grands malades en soins palliatifs.

A tel ou tel moment de son évolution le patient entre dans une phase où il ne peut plus se situer. Son Moi Idéal qui se soutenait à des images parentales ou de leurs substituts actuels, parents, soignants, médecin, est ébranlé. Car son corps pulsionnel, son corps de plaisir ou de déplaisir, ce corps miné par la maladie, la douleur, vient de lui rappeler ce qu'il peut mettre en jeu dans toute relation affective ou sociale : rien. Ou plutôt un accroissement de misère, de déchéance. Bref, il ne sait plus où il est, pour l'Autre, dans le champ de l'amour. Pourtant s'il abhorre son propre état physique, rien ne l'assure que ce champ ne sera devenu pour l'Autre, pour tous ceux qui l'incarnent dans les ombres de sa chambre, le champ de la haine. Vers quoi peut-il se projeter ? Les rapports de force entre sa dynamique pulsionnelle, ses images de lui-même, sa place dans la parole désirante d'autrui, ces rapports basculent de façon irréversible vers une forme, une condition de la vie psychique qu'il n'a jamais rencontrée. Vers quelque chose où, comme l'écrit Lacan : « il ne pourra plus jamais se retrouver ». C'est dans ces moments de perdition que nous entendons les patients évoquer l'image la plus secourable qui gît dans leur mémoire inconsciente et dont la culture a produit le signifiant universel que nous connaissons. Je veux parler de l'appel à la Mère.

Si nous voulons comprendre comment peut se dissoudre une telle phase d'angoisse, il nous faut prendre en compte une autre instance psychique inconsciente : le Surmoi. Vous savez que Freud a désigné ainsi la reprise à son propre compte, par le Sujet, des impératifs du discours humain. Ils lui ont été signifiés dès l'aube de sa vie. Le principal impératif catégorique est sans aucun doute celui du langage, car l'enfant doit se faire comprendre de ceux qui l'entourent et passer pour cela par les règles en usage dans la langue familiale. Puis vient avec l'Œdipe l'entrée dans l'ordre de la Loi. Tout le développement de l'être parlant sera ensuite indissociable des valeurs, légalités, savoirs, usages, entreprises, de la culture dans laquelle il évoluera.

La psychanalyse a montré que les figures paternelles, Père symbolique, père imaginaire, père social, représentent dans l'inconscient cette dimension du discours interhumain, en tant qu'il enserre de toutes parts la vie sexuelle et affective du cercle immédiat de parentés. En ce sens, parce qu'il assigne des limites à la jouissance, à la prétention narcissique, à la liberté d'agression ou d'emprise, le Surmoi paternel constitue un indice de réalité. Pour chaque sujet le dépassement de telle ou telle limite assignable par l'ordre établi a, dès lors, valeurs de transgression. Son Surmoi exige un renoncement.

Freud est revenu à plusieurs reprises sur le fait, sans cesse confirmé par la clinique psychanalytique, que le Moi Idéal cherche à éviter la condamnation de ce Surmoi. Il se comporte comme l'enfant qui à l'origine ne veut pas risquer de perdre l'amour de son Père.

Ces données vous paraissent quelque peu abstraites ? Pourtant, vous avez peut être eu l'occasion d'en remarquer le poids d'existence autour de vous. Par exemple lorsqu'un fils ou une fille rompent avec la tradition familiale pour se vouer à des valeurs que cette tradition ignore ou méprise, le conflit dans lequel ils se débattent, même si les parents réels respectent leur désir, a sa source dans un sentiment inconscient de transgression par rapport au discours parental qui se perpétue dans leur Surmoi. Nous reviendrons sur ces questions lors de notre entretien sur la culpabilité inconsciente.

Pour revenir à notre propos d'aujourd'hui, voici une remarque de Freud qui peut nous intéresser. Il est frappé par le fait que toute entreprise humaine, toute activité culturelle, semble marquée chez le sujet par une limite au-delà de laquelle il se heurte à sa propre désapprobation. Dans les cas pathologiques, on assiste aux répétitions de ce que l'on appelle une conduite d'échec. Plus exceptionnellement, ceux qui ont bousculé les normes culturelles de leur temps ont dû vaincre ce poids de la transgression. Souvenez-vous du drame traversé par Oppenheimer lors de l'expérimentation de la première bombe atomique. Freud lui-même évoquant à la fin de sa vie la découverte de l'inconscient Sexuel, disait : « j'ai payé le prix fort ».

Ceci nous amène à une généralité qui semble liée à notre destin d'êtres parlants. Il y a deux sortes de limites à notre vie. Celle de notre système physiologique dont dépend la mort organique. Il y a également une limite d'ordre symbolique. Celle où s'arrête notre rôle dans les échanges interhumains, où le sens de nos projets, de nos actes, nous paraît désapprouvé par le Surmoi, c'est-à-dire par l'instance du Père symbolique.

La question qui se pose à nous lors des états d'angoisse que manifestent à divers moments les malades en phase terminale peut donc être formulée ainsi : leur angoisse de mort est-elle réductible à la crainte de mourir physiologiquement ? Ou exprime-t-elle un signal de danger devant le jugement du Surmoi ? Le jugement sonne l'heure d'un renoncement pour le Moi Idéal aux poursuites imaginaires de ses représentations, comme à la place qu'il occupait dans le cercle des échanges où s'inscrivait son être. La pacification qui suit les phases d'angoisse suppose une réconciliation avec le Surmoi, c'est-à-dire une acceptation de la loi que porte l'instance du Père mort. Ce Père mort est en effet le symbole même de notre condition humaine. Il est le porteur éternisé d'une signification ineffaçable : *tu dois une mort à la vie*.

Nous allons en rester là pour aujourd'hui. Les approches que nous avons tentées autour du concept d'angoisse vous donneront, je l'espère, matière à réflexion. Cependant elles ne rendent pas compte du poids de ce qu'il y a de presque palpable dans l'angoisse que vous êtes amenés à côtoyer. Cette force de l'angoisse, comme celle parfois de la haine ou de l'amour, déborde la saisie de tout discours. Elle nous parvient certes dans un temps présent, mais elle trouve sa source dans un nouage inconscient où le réel pulsionnel, les images aliénantes, et les commandements de la parole, poussent irrésistiblement le sujet vers ce qui résistera à toutes ses puissances : son destin.

# III

CULPABILITÉS CONSCIENTES ET INCONSCIENTES EN ÉTATS IRREVERSIBLES ET PHASES TERMINALES

> « *Plutôt demeurer coupable que de payer d'une monnaie qui ne porte pas notre image ! Ainsi le veut notre souveraineté* »
>
> *Nietzsche*
> *Le Gai Savoir*

Lors de nos précédents entretiens, j'ai évoqué à plusieurs reprises les sentiments de culpabilité. Nous avons vu, à propos de la douleur psychique ou organique comment cette culpabilité pouvait être sous-jacente aux attitudes de certains patients à l'égard de leur propre souffrance. Quant à l'angoisse, vous vous rappelez que le sentiment d'impuissance devant le danger n'est pas sans lien avec une menace imputée à l'Autre qui choisirait d'imposer au sujet la castration ou l'abandon à la mort.

Ainsi notre thème de travail, bien que circonscrit dans un domaine culturel tout à fait repérable, aborde une dimension de l'âme humaine dont l'ombre nous apparaît à l'occasion de manifestations ou symptômes divers.

Cette ombre insiste, vous le savez, lors des évolutions graves ou des phases terminales. Au-delà du malade, elle s'étend à ses proches et aux soignants. Plus que dans d'autres circonstances, la culpabilité y revêt souvent le caractère d'une énigme. D'une part, elle s'exprime de la façon la plus personnelle, la plus intime ; elle est liée à l'histoire singulière concrète du patient. D'autre part, elle entre en résonance avec ceux qui l'entourent et qui parfois le connaissent peu, comme si chacun pouvait être concerné. En ce sens, elle rejoint ce qu'enseignent les coutumes orales et les traditions écrites de l'humanité ; elle appartient à l'Histoire universelle.

La psychanalyse cherche à cerner ce qui se dévoile à l'insu du sujet comme conviction d'être coupable. Aussi, aborderons-nous, pour commencer, la différence existant entre l'état conscient de culpabilité et les représentions ou sentiments inconscients de cette culpabilité. Je serais tenté de parler de « production » inconsciente pour souligner le caractère dynamique et l'élaboration de processus psychiques qui émergeront ou non en conscience. Le domaine qui vous est le plus familier (ce qui ne signifie pas le plus transparent) est celui des liens existants entre les aspects conscients de la culpabilité et le sentiment appelé « remords ». Ce dernier renvoie à un acte ou une intention qualifiés de « faute ». Il n'est sans doute pas inutile de revenir aux origines de ces termes. Elles témoignent de l'élaboration d'une convention sociale, communicable, associant quelque idée que l'on veut préciser à un signifiant linguistique qui s'est imposé comme le plus apte à en supporter la signification.

Prenons d'abord le terme de « remords ». Il apparaît dans la tradition scolastique, au XIIIe siècle. Auparavant, n'existait que le verbe dont il est issu, par reprise du participe passé. Ce verbe est « remordre », du latin « remordere » qui n'avait aucune signification morale jusqu'à la fin du XIIe siècle. On assiste à la même utilisation linguistique avec l'italien « rimorso » ou l'espagnol « remordimiento ». Pourquoi les moralistes de l'Europe médiévale ont-ils introduit dans l'usage cette métaphore ? Evidemment parce qu'elle faisait sens pour eux. Elle manifeste leur préférence, non pour une transposition morale de la douleur physique qu'entraîne le fait de mordre ou d'être mordu, mais de la répétition, le retour qu'implique le verbe re-mordre.

Bien entendu, comme toute métaphore, celle-ci ouvre un champ de nouvelles images qui peuvent y être associées. Par exemple, celle du retour de la pulsion cannibalique. Mais sans chercher des représentations de ce genre, nous retiendrons pour l'instant que la tradition a pointé ici une problématique de tristesse morale que la culpabilité connote de « reprise », de « répétition ».

Venons en, si vous le permettez, à un autre aspect du remords. Il renvoie, dialectiquement, à la faute. C'est-à-dire à un acte, une pensée, une profération, qui sont situés dans le champ du « mal », par opposition à ce qui relève du bien. Là aussi la signification originaire du mot doit attirer notre attention. « Fallita », en latin, a donné dans notre langue des expressions telles que faute, défaut, faillite, défaillir, etc. « Fallita » trouve son infinitif dans le verbe « faillire » qui veut dire « tromper » ou « se tromper », au premier sens du terme. Mais en sont issues des significations telles que « faire défaut à », ou « échapper à ». Au moyen âge on ne disait d'ailleurs pas « une faute », mais une « défaute ». La « défaute » tient au manque à la vérité, à sa propre parole, au devoir, à la règle établie, etc.

Notez au passage que se tromper, faire défaut à la vérité, s'appelait chez les Grecs une « erreur ». On retrouve cette connotation dans une formulation actuelle telle que « les errements de la pensée ». Au moyen âge, où la prédominance du discours ecclésial était omniprésente, la défaute a été de plus en plus associée non plus à l'erreur, mais au péché. Le péché est une faute commise à l'égard de la loi religieuse ou de la volonté divine. Le péché, avait écrit Saint Paul, c'est la loi. Et ce propos nous rappelle une condition de la culpabilité consciente. Il ne peut en effet y avoir de faute, de manquement, de transgression que par rapport à une convention, une prescription ou un usage qui aient valeur de loi. Autrement dit, la culpabilité consciente suppose l'objectivation du condamnable, du désapprouvé.

Le rôle de ces règles, commandements ou lois, est-il réductible à une sorte de limite assignée au comportement ? Eh bien, non. Certes les constructions morales ou légales visent à modérer les passions des hommes. Cependant elles sont inséparables d'une évaluation des sanctions. Et le propre d'une sanction est de clôturer, en quelque sorte, le temps de la culpabilité. Comme le dit l'adage « Celui qui a purgé sa peine a payé sa dette envers la société ». Quant au chrétien, il sait que la pénitence efface sa faute car, selon l'expression assez forte d'un saint Thomas d'Aquin « La pénitence renferme un acte particulier qui concourt à la destruction du péché ». Notons aussi que le Coran, évoquant la faute d'Adam, dit que Dieu, je cite : « aime à revenir à l'homme qui se repent ». Enfin, dans le même registre la tradition juive rappelle l'Ode de David, disant : « Alors je t'ai avoué ma faute, je n'ai plus dissimulé mon crime. J'ai dit : je confesserai à Yaweh mes iniquités, et tu m'as remis l'iniquité de mon péché ».

Ainsi depuis les temps reculés d'Israël jusqu'au code civil, notre culture témoigne non seulement d'une longue suite de recensement des fautes humaines mais aussi de l'irrésistible nécessité de leur effacement.

Bien sûr, à l'échelle millénaire des civilisations cette culture peut apparaître, selon l'expression de Mircéa Eliade, assez régionale. Et nous n'avons pas le temps d'évoquer ici les expressions de la culpabilité, de ses châtiments, dans les sociétés disparues ou actuelles d'autres régions du globe. Toutefois nous possédons des renseignements de grands prix, grâce aux études sur les vestiges des organisations qui précédèrent l'apparition des grandes religions écrites. Je pense en particulier aux croyances animistes et au culte totémique. Je vous renvoie pour ce dernier à trois ouvrages célèbres. Le premier, *Totem et Tabou*[11] fut publié par Freud en 1913. Le second, *La sexualité et sa régression dans les sociétés primitives*[12] de Malinowski, parut en 1927. Le troisième, *l'Enigme du Sphinx*[13] fut publié par le psychanalyste et anthropologue hongrois Géza Roheim, en 1934.

---

[11] Sigmund FREUD,1913, « Totem et Tabou » , Ed PUF.
[12] MALINOWSKI,1927, « La sexualité et sa régression dans les sociétés primitives » , Ed PUF.
[13] Geza ROHEIM,1976, « l'Enigme du Sphinx », Ed Payot.

Que nous montrent ces textes ? Deux prohibitions fondamentales sanctionnées jadis, qui concernaient l'inceste et le parricide. Ce fait est suffisamment connu pour que je l'évoque simplement. Permettez-moi, toutefois, d'insister sur deux développements de la pensée humaine qui apportent ici à la notion de culpabilité consciente une compréhension renouvelée.

Nous devons à Freud la constatation que ces prohibitions fondamentales sont celles là même qui constituent chez chaque enfant son affrontement intime à la culpabilité transmise, c'est-à-dire, sociale. Le complexe d'Œdipe en désigne, vous le savez, la forme habituelle dans le creuset familial.

L'autre développement réside dans l'apport de Lévi-Strauss et de Lacan. Tous les deux soulignent que le désir d'inceste, comme son corollaire le parricide, sont éminemment naturels. La véritable signification de l'interdit de l'inceste et du parricide ne tient nullement à ce que ces conduites seraient anormales, déplaisantes ou peu satisfaisantes. Sa véritable signification réside dans le fait qu'il détermine et soutient le passage de la nature à la culture. Il est le moment imposé de la disjonction entre le règne animal et l'ordre des êtres parlants. En ce sens il n'est pas un commandement parmi d'autres, il est le commandement exigible par la Parole. Il instaure la condition première des symboles fondamentaux de l'humanité. Que le géniteur mâle soit un Père, que la génitrice soit dite Mère, que leur petit devienne Fils, que soient instaurées ainsi des places qui ordonnent le renouvellement des accouplements, constituent les opérations symboliques fondatrices d'une substitution de la représentation verbale de l'instinct à son vécu immédiat. Sans ces opérations, il n'y a pas de passage de la nature à la culture. Si des systèmes de parentés sont omniprésents dans les organisations sociales, c'est aussi parce qu'en symbolisant les alliances et la succession des générations ils introduisent un ordre où s'exprime la conscience de la mort.

Vous comprendrez que ces remarques nous permettent de poser une question. Même si nous manquons de certitudes, la voici. Pour nos lointains ancêtres, la défaute, la défaillance, par excellence n'était-elle pas ce qui représentait l'annulation de ce passage de la nature à la culture ? Nous savons que l'humanité ne s'est pas différenciée des espèces voisines sans une lente émergence, et peut-être sans des manquements dont nous trouvons les traces énigmatiques dans les mythes, voire dans certains passages de la Bible.

Vous le voyez, la culpabilité consciente des hommes n'est pas une manifestation secondaire dont on puisse rapidement cerner les facteurs. Et cela nous conduit à étudier maintenant l'éclairage qu'apporte en cette affaire la découverte freudienne. Que faut-il entendre par « culpabilité <u>inconsciente</u> » ? Est-elle inhérente à tout psychisme humain ?

Nous pouvons aborder ce thème par le biais d'une autre interrogation : d'où vient la « force » ou si vous préférez, « l'énergie » psychique qui accompagne le sentiment de faute ? Car nous avons bien là une manifestation de l'irruption d'une puissance inconsciente au sein des justifications de la conscience. Si la société objective (dans ses codes ou règles) les conduites condamnables, c'est davantage, en bien des cas, l'intensité du remords qui pose problème au sujet. Entre l'assassin ou le violeur, indifférents aux attendus du tribunal et l'accablement de tel autre avant même l'énoncé de la sentence, entre le péché mignon de gourmandise qu'avoue au médecin le patient habitué aux excès de table, et la dure condamnation de lui-même d'un Saint Jean de la Croix pour avoir goûté (c'est lui qui le raconte) à quelques asperges, nous voyons bien que l'absence comme la puissance du remords signent une dimension de la faute intrapsychique dont on perçoit qu'elle n'est pas inscrite dans les occasions concrètes qui l'accompagnent.

Vous remarquerez d'ailleurs que la tradition des grands moralistes, d'un Suarez à un Fénélon, ou d'un Calvin à un Barth, s'est interrogée sur l'élasticité des consciences morales, en cherchant à éviter l'excès de scrupule des unes comme le laxisme des autres. Cependant cet effort ne cherchait pas à comprendre les facteurs psychogènes, autres qu'éducatifs, contribuant à de telles déformations. Freud a voulu approcher une causalité inconsciente de ces phénomènes moraux en comparant les données cliniques, le matériel des rêves, et les mythes ou textes sacrés les plus anciens de l'humanité. Il est arrivé à cette conclusion que le concept de culpabilité nouait la responsabilité la plus intime à la notion de faute collective, transmise par la mémoire. C'est pourquoi Lacan a pu dire que la psychanalyse nous renvoyait aux élaborations des Pères de l'Eglise à propos d'une faute originelle, c'est-à-dire inhérente à l'espèce. Ce que Freud a apporté de plus déterminant, c'est le champ relationnel où s'est circonscrite cette culpabilité. Elle concerne la mort de l'autre ou la jouissance sexuelle tirée de son corps. Plus précisément, il s'agit toujours d'une intention inconsciente qui vise un corps de proximité, pour ne pas dire de promiscuité imaginaire, autant que réelle. Les différents tabous, l'interdit de l'inceste, du parricide, du fratricide et de l'infanticide, trouvent dans cette proximité leur dénominateur commun d'origine. Puis, peu à peu la culture a étendu le champ de l'interdit à d'autres obligations de la vie en société.

Nous allons maintenant évoquer ensemble des apports de la théorie psychanalytique, apports qui jalonnent les années 1900 à aujourd'hui. Je m'en tiendrai à ceux qui intéressent au plus près votre exercice médical dans les situations extrêmes que vous côtoyez.

Auparavant, permettez-moi de faire une pause. Non pas une récréation, plutôt une parenthèse. En effet, il s'avèrera peut être utile d'avoir abordé quelques questions d'ordre méthodologique.

Tout d'abord, compte tenu de votre formation scientifique, j'insisterai sur le caractère imparfait des théories psychanalytiques. Elles constituent un corps d'hypothèses sans cesse ouvert à révisions. Freud a souligné l'importance de ce caractère temporaire, en rappelant que seule l'observation clinique constituait le socle de la psychanalyse. Il y a, à cela, une bonne raison. Le jeu des forces psychiques mis en évidence dans un conflit psychique peut être repéré. On connaît les instances qui entrent en jeu. Mais comme ces forces ne sont pas quantifiables, la résultante du conflit ne sera explicable qu'après coup. On pourra dire par exemple que chez tel névrosé, le désir de conquérir son objet d'amour a fini par l'emporter sur l'angoisse qui inhibait l'accomplissement. Pourtant, au début du travail analytique, les conditions du conflit étant reconnues, et même admises les difficultés rencontrées par le sujet au long de la cure, rien ne permet de préjuger de l'issue du combat. A première vue, ce genre de difficulté est comparable à celle que rencontre un médecin lorsqu'un patient lutte, par exemple, contre une septicémie ou une tumeur cancéreuse. Le médecin met tous ses moyens en œuvre pour faire pencher la balance du bon côté, mais il sait bien que la guérison n'est pas rigoureusement prédictible dans la particularité du cas.

Il existe toutefois un grand écart entre la situation analytique et la situation médicale. Cette dernière concerne bien entendu une individualité organique. Cependant un tel organisme est assujetti aux lois de l'espèce. Les symptômes du malade ont un caractère particulier, mais qui n'est pas sans lien avec les fonctionnements habituels de l'être humain. Une marge d'écart existe. Elle peut parfois être évaluée par les renseignements statistiques sur des cas comparables, voire par la connaissance biologique de ce que l'on pourrait appeler la « mémoire » (je mets le mot entre guillemets) du vivant.

Dans la situation analytique, si le patient ne peut échapper, en tant que vivant, aux lois naturelles, il fait preuve de possibilités extrêmement ouvertes à l'égard du monde culturel dans lequel il est immergé en tant qu'être parlant. Si nous prenons à titre d'exemple l'équilibre entre les forces pulsionnelles d'un sujet et la force des interdits agissant dans sa mémoire, nous sommes confrontés à une infinité de positions partielles, transitoires ou définitives que surdéterminent, outre sa constitution physiologique, des facteurs refoulés, liés à la prime enfance, à l'environnement familial, aux identifications sociales. Leur combinaison peut s'avérer fixée de façon durable, ou au contraire labile, fragile, dépendante de certains évènements émotionnels, etc. Non seulement nous avons affaire à une individualité vivante, mais à une singularité subjective en perpétuel remaniement. Pour nous situer dans le domaine de la culpabilité, on voit bien que l'emprise de la Loi est inséparable de diverses prises en compte par le psychisme humain. Elle n'a pas l'efficace rigidité de l'instinct sur tel comportement animal. C'est bien dans le champ du langage, celui des représentations culturelles et non celui du besoin naturel que se déploient les impasses de la névrose, les fixations de la perversion, le drame de la psychose. C'est aussi par la puissance du verbe et des images significatives que se définissent et s'imposent les entreprises collectives, y compris celles qui entraînent à des jouissances sans frein ou à des ravages meurtriers.

Ici peut vous apparaître un second aspect de la différence entre l'objet de la psychanalyse et celui de la médecine. Pour cette dernière, les processus qu'elle cherche à comprendre et prévenir sont essentiellement liés à l'individualité corporelle. Pour l'analyse, les processus qu'elle cherche à comprendre et à modifier débordent ce cadre. Certes le sujet parle, mais la parole le traverse. Il la tient d'autrui, il l'adresse à autrui, et la réponse d'autrui le renouvelle. La mémoire refoulée, plus encore que la mémoire consciente, est le sédiment de discours intimes, familiaux et sociaux, traversant les époques et les espaces. Du fait de cet assujettissement à des bribes multiformes du discours humain, la causalité psychique ne peut être abordée de la même manière qu'une causalité physique, chimique ou organique. Ce n'est pas simplement le fait d'un niveau de complexité alors élevé. Cela tient à ce que la « signification », phénomène en soi lié au langage, déjoue toute tentative de saisie quantitative et donc mesurable. Cette signification peut pourtant hanter le sujet avec la force que nous connaissons chez l'anorexique, le mélancolique suicidaire, ou le scrupuleux accablé de remords.

Je vais refermer ici ma parenthèse. Elle vous aidera peut être à côtoyer plus aisément les observations, hypothèses, et théories parfois contradictoires, en tous cas inachevées, que nous allons aborder.

Mélanie Klein a relaté plusieurs cas d'analyses d'enfants où le transfert fait apparaître une culpabilité consécutive à des pulsions sadiques du stade oral : « Erna, note-t-elle, avait souvent blessé sa mère par ses morsures lorsqu'elle était toute petite, et bien avant d'avoir des dents. Nourrisson, elle présentait également des difficultés alimentaires. J'ai observé d'autres cas de sadisme oral anormalement fort, chez lesquels, cependant, la période de succion n'avait donné lieu à aucun trouble visible ni à aucune difficulté, mais avait été en réalité totalement insatisfaisante pour l'enfant ». Soit dit au passage, cela ne veut pas dire nécessairement qu'une telle insatisfaction relève de mauvaises conditions alimentaires ou de frustrations excessives. Rien ne sert de rendre une mère chaque fois responsable de ce qui ne va pas. Il y a réellement des bébés qui ne prennent pas plaisir à téter. Quoiqu'il en soit, le plaisir du nouveau-né d'une façon générale est soumis à une modification libidinale lorsqu'il passe de la succion à la mastication. Que se passe-t-il lorsque la libido reste attachée au mode de succion, et que pour diverses raisons l'insatisfaction du nourrisson grandit ? Eh bien l'apparition des pulsions à mâcher et mordre devient le support de la rage de destruction qui s'empare de lui. En séance, Erna, pour revenir à elle, obligeait son analyste à mettre dans sa bouche une petite locomotive dont les phares étaient, disait-elle, « rouges et flamboyants », puis elle suçait à son tour ces ronds rouges. Alors se déclenchait un accès de fureur, et l'enfant manifestait une vive hostilité à l'égard de sa mère comme de son analyste. Puis elle était envahie d'un grand remords, voulait à tout prix se faire pardonner et s'assurer qu'elle était aimée. Je passe sur d'autres expressions de la pulsion à mordre d'Erna telles que faire « jaillir du sang » du papier haché, manger une « salade d'yeux » ou découper en franges le nez de son analyste, ce que d'ailleurs elle avait tenté de faire avant de le représenter dans un fantasme. Chaque fois ces manifestations étaient suivies de remords, voire de frisson et de malaise, signes d'une grande angoisse. Mélanie Klein l'amena peu à peu à dériver ces pulsions cannibaliques vers des découpages qui représentaient la destruction du corps maternel. Mais, cela permit aussi à Erna d'exprimer son amour pour ce qu'elle détruisait. Elle réalisait avec les morceaux des ensembles jolis et satisfaisants qu'elle recréait à partir du néant.

Cette observation de Mélanie Klein nous intéresse à double titre. D'abord elle corrobore ce que Freud avait émis comme hypothèse concernant le matériel refoulé, tiré de ses patients adultes. L'intrication des pulsions orales érotisées et les pulsions de destruction assujettissent le petit humain à la tendance à dévorer, c'est-à-dire à détruire ce qu'il aime. Situation qui développe immédiatement de l'angoisse, et qui dans l'après coup sera connotée de culpabilité. Cet après coup, bien entendu n'est pas constitué par quelque modification de la nature. Même si l'enfant a dirigé ses appétits vers des nourritures diverses, l'interdit de mordre le sein ou de dévorer le corps maternel appartient au registre des significations qu'il reçoit des grandes personnes. Autrement dit, la culpabilité s'impose rétroactivement comme une donnée culturelle. Pourquoi, direz-vous, n'appartient-elle pas à un passé révolu ? Parce que les pulsions de la petite enfance ne sont pas dissoutes. Elles subsistent, fautives, refoulées, et de ce fait indestructibles dans la mémoire inconsciente.

Le second point vif de l'observation découle de ce que je viens de dire. Il nous intéresse à propos de ce que nous avons appelé « le temps de la faute ». Ce dernier appartient au sentiment de durée de la conscience. Le poids de la culpabilité inconsciente, lui, n'a pas d'âge parce qu'il appartient au monde intemporel des représentations refoulées. Pour chaque sujet il peut alourdir une occasion actuelle. Il peut tourmenter un patient âgé, en fin de vie, comme en toute autre période de son existence. Nous verrons d'ailleurs, en étudiant la régression, que la situation de dépendance des grands malades peut mobiliser plus particulièrement cette culpabilité archaïque dont l'intensité affecte les regrets ou repentirs exprimés.

Venons en maintenant au stade suivant du développement libidinal bien connu sous le nom de « stade anal ». Ce stade se caractérise, comme l'a souligné Lacan, par une inversion des pôles dans la relation mère-enfant. En effet, la mère n'est plus seulement nourricière. Elle demande à l'enfant quelque chose de son propre corps : ses excréments. Elle peut les souhaiter patiemment, en vouloir impatiemment la disposition, voire l'exiger. Les analyses d'enfants montrent deux aspects principaux de leur réaction face à ce renversement de pôles entre l'offre et la demande. Au plan imaginaire les fantasmes de méchanceté, de voracité, de destruction dont l'enfant suspecte la mère à l'égard de son propre corps correspondent dans leur intensité à ceux qu'il avait lui-même développés contre l'intérieur du corps maternel. L'attitude éducative de la mère, si mesurée soit-elle, se heurte ainsi inévitablement aux forces pulsionnelles de l'enfant et à leurs représentations associées.

Une autre spécificité du stade anal, est la possibilité de l'enfant d'exercer pour la première fois une opposition aux souhaits de sa mère. La toute-puissance imaginaire dont l'enfant compense sa faiblesse réelle trouve alors sa première expression sociale sous forme de résistance à livrer ce qui lui appartient. L'investissement sphinctérien, outre le plaisir qu'il procure, devient avec ses munitions de chantage, les selles, le théâtre du combat entre les injonctions de la mère et les revanches de l'enfant sur les manquements, agressions, impatiences réelles ou imaginaires dont il la rend responsable.

Mais cette opposition à son talon d'Achille : encourir la perte d'amour et la dépréciation narcissique de l'image de soi auquel le jeune rebelle tient tant. La mère, d'ailleurs, use de son autorité en prenant des sanctions. Ce sont les premières pénitences pour le déni d'autorité. Ferenczi, l'un des plus brillants élèves de Freud, a pu écrire que l'origine de la morale était « sphinctérienne ». A cet âge, en effet, l'enfant est suffisamment à l'aise dans le champ de la parole pour que ses fantasmes de toute-puissance, son érotisme anal, ses refus et les menaces de sanctions puissent être transposés dans le registre abstrait des considérations morales. Par exemple : « tu es un mauvais garçon », « tu fais de la peine à maman », « tu vas recevoir une correction ». Bref, « tu es coupable ». Le refoulement de cette culpabilité se signera dans la vie adulte par l'intrusion des tendances refoulées dans les conduites sociales. Par exemple inhibition à gagner de l'argent, plaisir d'attendre des objets convoités, phase de refus précédant systématiquement l'acceptation d'un souhait, d'une situation, etc.

J'en viens maintenant à l'étape Oedipienne. Un remaniement des pulsions orales et anales s'opère alors en fonction d'intérêts pour la sexualité parentale. Les significations de la Loi imposent un bridage des satisfactions et surtout leur report dans un avenir génital. Les identifications aux parents mettront alors l'enfant dans la position difficile que l'on sait. Il doit leur ressembler, « être comme eux » mais en renonçant à l'objet privilégié de leur désir : le corps de l'autre et son amour. Freud disait de cette époque de la passion amoureuse, qu'elle constitue chez le jeune humain sa première puberté. Elle alourdit aussi le poids de sa culpabilité parce que les fantasmes masturbatoires mettant en scène l'union sexuelle des parents représentent les intentions de transgressions secrètes.

Je terminerai cette évocation en soulignant que la curiosité sexuelle de l'enfant, dont la mise en évidence par Freud provoqua quelque scandale, ne doit pas nous faire oublier son ressort structurel. Car ce désir de l'Autre, père ou mère, le concerne au plus haut point. On lui a dit ou caché (ce qui revient au même) qu'il en était né.

L'heure passe. Quittons, si vous le permettez, le sol des observations. Elles ont permis de donner un contenu à un lieu psychique, une cache comparable à celle dont les chasseurs disent : ici gît le lièvre. Le lièvre, c'est le Surmoi.

Tout au long de sa construction, à travers les quêtes diverses de satisfactions érotiques ou de rétorsions agressives du sujet, l'instance psychique que Freud a appelé Surmoi se constitue à partir d'une introjection. Autrement dit, celui qui s'est vu opposer, dans ses tentatives de jouissance, des paroles ou des significations interdictrices ne va pas simplement les repérer comme les formulations d'une autorité dont il dépend. Il va les reprendre à son compte. Reprise qui se fera à son insu. La mémoire, qui les a enregistrées, va prolonger leurs effets en les transformant en prescriptions permanentes. Elles pourront s'exercer à l'encontre du Moi conscient. L'opposition entre l'ordre culturel des règles et les tendances naturelles de l'enfant était à l'origine externe. Elle devient intra psychique. Le ressort de cette introjection réside, vous le comprenez, dans l'identification symbolique. On pourrait dire, pour faire court, que ça parle pour le sujet, comme parlaient ses parents, et plus tard, comme parlent d'autres figures d'autorité qui s'y substituent.

Pourtant nous devons distinguer les impératifs du Surmoi, de ceux de la conscience morale. Et ceci pour une raison simple. Les premiers interdits auxquels est confronté l'enfant ne concernent pas les catégories abstraites du bien ou du mal, du légal ou de l'illégal, du bon ou du mauvais. Ils visent la conservation de sa vie. Si j'insiste sur ce point, c'est parce qu'en soins palliatifs, en phase terminale, cette conservation ou perte de la vie préoccupe les pensées et les gestes de chacun.

Dans quelles circonstances se manifestent les premiers interdits adressés au petit enfant ? Chacun connaît la réponse. Lorsqu'il esquisse un geste, amorce une conduite dont il ignore le danger. S'il met une bille dans sa bouche, s'il va à quatre pattes vers la prise de courant, s'il s'approche, château branlant, du haut de l'escalier, la mère réagit. Au besoin, elle lui donne une tape sur la main ou le gronde, et il pleure. Ainsi c'est à l'occasion du danger qu'il fait ses premières expériences de la séquence interdiction, punition. Ces expériences sont d'abord émotionnelles, parce que l'anxiété de la mère, son comportement inhabituel, le spectre chez elle d'une culpabilité potentielle, si elle n'avait pas été vigilante, bref, tous ces affects sont perçus par l'enfant avec leur caractère inhabituel et leur plus ou moins grande intensité.

Il nous faut donc nous rendre à cette évidence. Le niveau le plus archaïque du Surmoi reprendra à son compte une équation qui peut se résumer ainsi : ce qui est punissable, donc coupable, c'est ce qui est dangereux, à entendre bien entendu comme signal de danger émis à l'origine par la mère.

« Signal de danger », cela ne vous rappelle-t-il rien ? Souvenez-vous de notre entretien sur l'angoisse. Vous pressentez alors pourquoi nous constatons une proximité psychique en nous-mêmes comme chez nos malades, entre l'angoisse et la culpabilité. Au stade anal, avec l'inversion des pôles dont je vous ai parlé, une nouvelle expérience du « dangereux » vient s'ajouter aux anciennes. Elle limite la capacité d'opposition, de rébellion ou de revendication narcissique de l'enfant. Ce nouveau danger, c'est celui de perdre l'amour. Il s'ensuit la conviction suivante : est coupable, puisque dangereux, le refus de donner ce que la mère désire. Cette conviction peut être relative ou oppressante suivant ce qui a été perçu et enregistré dans les signifiants émis par l'Autre. Ce peut être un désir modéré mais ferme, acceptant la contestation, le temps pris avant d'y répondre. Ou à l'opposé, cela peut être perçu comme un commandement sans réplique, avec exigence d'une immédiate satisfaction. Plus tard, dans les relations adultes aux figures de l'autorité, la plus ou moins grande cruauté du Surmoi reflètera ce qui fut alors introjecte. Le malade, par exemple, interprétera votre prescription comme une contrainte acceptable ou comme une obligation terrifiante. Au moment où veulent s'imposer les interdits œdipiens, ainsi que les renoncements à l'impossible et les menaces imaginaires de castration, le sujet sera déjà marqué par les élaborations antérieures de son Surmoi. La crise œdipienne est inséparable, dans son vécu psychique, des étapes qui l'ont précédée. La prise en compte de la Loi en est affectée. Après tout, la Loi a deux versants. Ce qu'elle interdit d'un côté, et de l'autre côté, ce qu'elle légitime en ne l'interdisant pas. Mais si le sujet face à la promulgation de cette loi ne peut en retenir que le versant interdicteur, et ceci en raison de son Surmoi déjà acquis, il entrera selon la formule connue dans « l'univers morbide de la faute ». A l'opposé, si ne sont retenues que les autorisations, et désavouée la valeur de l'interdiction, la voie de la perversion sera ouverte.

A présent, il me semble devoir vous présenter quelques excuses. Mon propos est imparfait. J'ai tenté de vous introduire à la préhistoire du sentiment coupable dans le développement psychique. Mais cela n'a pas été sans raccourcis, ni sans évocations partielles ou explications insuffisantes. La puissante réalité des sentiments inconscients de culpabilité est évidemment plus complexe, plus insolite, plus difficile à combattre que ces courts propos ne le laissent entendre. Cependant, et c'est mon plaidoyer, nous avons pu entrouvrir les portes d'un enfer : celui des grands mélancoliques, de certains obsessionnels ou des malheureux en proie à la psychose. Qu'y a-t-il de plus émouvant que l'appel d'un adolescent schizophrène, vivant une existence somme toute innocente au regard des crimes du monde adulte, et soudain terrifié par les condamnations de ses voix intérieures ? Et ne sommes nous pas désemparés devant les ruminations pénitentielles ou les demandes incessantes de pardon de ces personnes âgées dont on dit qu'elles n'ont plus tout à fait leur tête, mais dont on perçoit que la signification même de leurs incohérences a pour thème central celui d'une condamnation ?

Ceci dit, comment orienter notre lanterne ? Pouvons-nous, prenant en compte les apports de la psychanalyse, diriger quelque lueur vers les affleurements de la culpabilité inconsciente, dans le domaine qui vous préoccupe ? Cela peut il vous aider dans vos relations avec les malades en fin de vie, leurs proches, et les soignants de vos équipes ?

Une première réflexion concerne ici la psychologie collective. On déplore parfois dans les institutions hospitalières ce qui a été appelé « une infantilisation du malade » ou, pour être plus précis, du patient en état de grande dépendance. Pourquoi, après tout, déplorer une telle manière de s'adresser à lui ? Eh bien parce qu'elle entraîne son contrepoids imaginaire. L'aide soignante, l'infirmière, la surveillante deviennent autant d'incarnations de la Mère toute-puissante de la petite enfance. L'abandon d'une relation de parole conforme à l'âge du malade entraîne l'effacement de ce qui représente dans la vie intra psychique l'univers social des adultes, c'est-à-dire, ce qui relève de la figure du Père. L'appui que symbolise cette instance dans l'identité culturelle de la personnalité fait ainsi défaut. Il a été écarté. Le Moi conscient du malade se situe face à la seule image de l'Autre maternel. Rien d'étonnant à ce que la relation duelle soignant-patient ranime alors les ombres refoulées des situations archaïques de culpabilité et d'angoisse.

Faut-il illustrer ce propos par une vignette clinique ? Madame x a quatre-vingt-trois ans. Elle est veuve, a deux enfants qui viennent d'assez loin de temps à autre pour la visiter. Elle souffre d'un cancer. Elle est devenue incontinente. Elle a vécu d'abord cette infirmité comme une blessure narcissique ; elle avait honte et, dans les premiers temps, elle pleurait. Au bout de quelques semaines, ses larmes ont disparu. Elle ne dit plus rien. Elle semble fermée ; en proie à un accablement. Elle demande « pardon » au médecin qui s'en étonne. Son étonnement cessera lorsque passant par hasard devant sa porte il entendra une aide soignante qui vient d'entrer dans la chambre dire d'une voix agacée : « alors, elle a encore fait la vilaine ! Elle a encore tout sali ! ». L'indignité que ressentait la vieille dame nécessitait dialogue et reconnaissance. Un dialogue où on lui aurait dit « vous ». Il avait été remplacé par un monologue où il s'agissait d'une « elle », de quelqu'un, qui se résumait en la réalité corporelle dont le spectacle mécontentait une voix humaine. Cette voix énonçait un reproche d'un autre âge, elle réveillait les images acoustiques, flottant en mémoire, depuis l'époque du dressage sphinctérien. Si le malade souffrait consciemment d'une dégradation actuelle de son image corporelle, si cette blessure narcissique appartenait au temps présent, le sentiment de faute, lui était la reprise d'une autre scène, d'un autre temps de son histoire.

J'en viens à présent à une seconde réflexion. Il eut été souhaitable, avant de la soumettre, que nous ayons pu étudier les modalités de ces régressions que manifestent parfois vos patients. Le sujet est trop complexe pour qu'on l'aborde en quelques mots. Il fera l'objet d'un de nos prochains entretiens. Néanmoins vous n'êtes pas sans en avoir quelque notion ou quelque expérience. Nous partirons donc du postulat que les atteintes corporelles, les impuissances, les pertes fonctionnelles, motrices, sphinctériennes ou perceptives, nécessitent pour le psychisme du malade des rapports modifiés à son propre corps, comme à son environnement humain. On ne peut pas dire qu'il découvre ces modifications. Il les retrouve. Sa vie libidinale doit abandonner le régime des satisfactions de l'âge adulte pour refluer vers une quête de satisfactions compatibles avec son état. Ces satisfactions peuvent être orales, anales, exhibitionnistes, voyeuristes, fétichistes. Elles peuvent comporter des objets dans la réalité comme les sucreries ou la boisson, mais aussi les objets imaginaires du souvenir, du rêve, du fantasme. Elles peuvent être érotiques ou agressives. A vrai dire, nombre de ces objets de désir ou d'amour avaient été abandonnés sous la pression du Surmoi, soit parce qu'ils étaient socialement inavouables, soit parce qu'ils contrevenaient au développement de la personnalité. Les évoquer à nouveau ne va donc pas sans un réveil de la culpabilité qui les avait marqués.

Certes, nous ne pouvons pas modifier l'histoire subjective d'un patient. Il est face à elle et à lui-même. Nous ne sommes ni tout puissants, ni légitimés pour quelque intrusion de confesseurs. Cependant, il est un domaine dans lequel nous pouvons veiller à ne pas renforcer cette culpabilité inconsciente. De quoi s'agit-il ? Nous pouvons partir du principe que plus le malade renoue avec un état de dépendance, plus il risque de subir l'emprise de son Surmoi le plus archaïque. Autrement dit, il se trouve dans la situation psychique où le danger est intimement associé à l'interdit, où ce qui rend coupable, c'est ce qui est dangereux.

Vous êtes mieux qualifiés que moi pour réfléchir aux comportements, attitudes, paroles qui peuvent signifier au malade que tels ou tels de ses souhaits, de ses gestes, le mettent en situation de danger. Je ne parle pas, bien entendu, du risque fondamental qu'est pour lui une aggravation de symptôme ou l'évolution inexorable de son état. Je veux attirer votre attention sur les paroles, les précipitations, les regards, qui émaillent au quotidien la préoccupation clinique. Vaut-il mieux dire à un patient « ne touchez pas à votre perfusion, ce serait grave », ou lui dire « évitez de toucher à cette perfusion, mais si elle bougeait nous remettrions les choses en place » ? Est-il préférable de lui intimer « mangez, vous aurez besoin de toutes vos forces », ou de lui conseiller « mangez, et si vous n'avez pas d'appétit, nous en reparlerons » ?

Ces exemples sont imaginaires. Je ne les donne que pour indiquer une tentation qui vaut qu'on la repère. Elle peut paraître scandaleuse, mais tant pis. Comme nous ne sommes pas uniquement ces êtres angéliques dénommés « blouses blanches », il faut bien reconnaître que l'on voit çà et là une jouissance pointer le bout de son nez. Elle consiste à faire peur, à angoisser juste un peu le malade. C'est un rejeton de la pulsion sadique. Il tend à s'affirmer devant un autre nous-mêmes, lorsque cet autre est sans défense. Et l'on sait bien, dans le registre des passions humaines, que lorsqu'un sujet est confronté au sadisme, ce n'est pas le pervers qui se sent fautif, c'est l'autre, son objet, qui se sent coupable.

Nous arrivons au terme de cet entretien. Je voudrais le clore en évoquant un autre aspect du Surmoi. Il concerne particulièrement l'accompagnement des mourants. Au plan conscient, le malade voudrait bien que le désir de toute puissance, et partant, d'immortalité, qui accompagne le narcissisme de son enfance, puisse mettre en défaut le principe de réalité. Sa raison lui dit bien qu'il est mortel. Mais précisément la ténacité de l'illusion tient à ce qu'elle reporte les vérifications qui la mettraient en question. Et la vérification des faits de mortalité peut attendre. Le patient sait qu'il est dans l'immédiat, vivant. Et comme dit le proverbe « Tant qu'il y a de la vie, il y a de l'espoir ».

L'autre instance psychique, le Surmoi, intervient ici. Il oppose au narcissisme du malade et à sa conscience une sorte de jugement que Freud n'hésite pas à représenter comme sa dernière injonction. Quelle sentence est prononcée ? On pourrait la résumer ainsi : « tu as accompli ce que tu devais accomplir.

Ta vie est faite. Au plan des échanges inter humains, ton temps est achevé ». Ainsi la pression du Surmoi porte non sur les possibilités vitales, organiques, du corps souffrant, mais sur la place symbolique du sujet, sur le destin limité de sa parole dans l'univers du verbe humain. Aller au-delà de cette limite prend alors chez le malade valeur de transgression. Vous n'êtes pas sans avoir perçu chez certains de vos patients cette alternance entre des moments de sursauts, de souhaits, dont l'irréalité vous effleure, et des moments de pacification, d'acceptation difficile qui, pourtant, libèrent le sujet d'une sorte de poids. Il a évité un danger. Non celui, plus tard, de mourir, mais celui immédiat d'un jugement qui le rendrait condamnable.

Vous le voyez, la culpabilité inconsciente accompagne l'âme humaine depuis la naissance jusqu'aux extrémités de la vie. Elle s'impose depuis ce qui fut appelé « péché originel », et jusqu'à ce qui fut évoqué comme « jugement dernier ». La psychanalyse s'affronte dans ce domaine à la réalité refoulée que pressentirent les grandes Traditions.

IV

QUELLES RÉGRESSIONS CHEZ LES GRANDS MALADES ?

« A quel titre ai-je été intéressé à cette vaste entreprise qu'on appelle la réalité ? Pourquoi faut-il que j'y sois intéressé ? N'est-ce pas une affaire libre ?

Kierkegaard
La Reprise

Au sein d'une discipline, la signification d'un terme diffère souvent des sens habituels qu'il revêt dans l'usage commun. Si vous ouvrez le dictionnaire à la page « relativité », vous lirez qu'il s'agit d'un caractère selon lequel notre connaissance ne saisit que les relations entre les choses et non la réalité elle-même. Il n'y est pas question de l'invariance de la vitesse de la lumière ni des conditions de validité des mesures dans l'espace-temps, bien que ces notions soient inséparables de la « Relativité » théorisée par Einstein. Bien entendu, il y a une parenté entre l'impossibilité d'une connaissance absolue et celle d'une précision absolue dans les sciences. Mais l'on ne passe pas de la compréhension commune du mot relativité à celle du terme de Relativité restreinte ou générale en physique, par une simple extension. Il faut se familiariser avec des concepts adjacents, des points de vue différents, des antécédents historiques qui éclaireront la nouvelle signification.

La pensée de Freud nécessite la même démarche. Les mots employés pour rendre compte des processus inconscients, côtoyés dans la cure analytique, sont empruntés au langage courant. Mais ce qu'ils représentent pour Freud et ce qu'il cherche à nous transmettre diffère sensiblement des contenus habituellement désignés par eux. Tel est le cas de la Régression.

Dans le dictionnaire, au mot « régression » correspondent les indications suivantes. Sens premier : « Inversion de l'ordre des mots ». Sens second : « Evolution vers le point de départ ». Pourquoi ce terme a t-il paru approprié à Freud pour désigner l'aspect de la réalité psychique qui nous intéresse aujourd'hui ? Comment apparaît-il sous sa plume ?

Freud cherche à rendre compte d'un processus psychique visant à la réalisation d'une satisfaction. Autrement dit, il s'agit pour la tension pulsionnelle d'atteindre à une certaine décharge.

Habituellement, une telle opération de satisfaction trouve sa réponse dans l'environnement. Si j'ai envie de respirer l'air du printemps et d'en goûter les senteurs, je vais me diriger vers la fenêtre et l'ouvrir. Si un enfant désire parler à sa mère, il va se rendre dans la cuisine où elle prépare le repas. Celui qui souhaite recevoir des nouvelles de sa sœur, va se saisir du téléphone, etc. Bref, la plupart des satisfactions que nous obtenons dans l'existence nécessitent une mise en jeu de la motricité. Et je vous ferai remarquer en passant, que cette innervation motrice concerne à l'évidence l'appareil musculaire mais aussi les muscles de la langue. La verbalisation à voix haute impose l'activité de mon ouverture labiale, des muscles de ma langue, etc.

Que se passe-t-il, se demande Freud, si la tension physiologique et sa représentation psychique, la pulsion, en quête d'un objet de satisfaction, ne peuvent trouver leur moyen habituel de décharge ? Par exemple, si l'ensemble du système de motricité musculaire se trouve inhibé, soit totalement ou presque totalement hors jeu ?

Vous l'avez deviné, il ne s'agit pas d'une situation exceptionnelle. C'est précisément celle que nous vivons durant les périodes de sommeil qui couvrent un tiers du temps de notre existence. Or, durant ces longues périodes, l'activité psychique ne s'arrête pas. De tous temps les rêves ont apporté aux hommes la preuve que leur esprit était alors agité bien que leurs membres fussent immobiles et leur conscience disparue. Dans les époques primitives, compte tenu de son caractère déconcertant, le songe était considéré comme l'expression de pensées introduites dans l'homme par des forces extérieures ou par des dieux et des démons. Aristote prendra position à ce sujet en abordant le rêve comme un objet d'étude psychologique. Il affirmera que le rêve n'est pas envoyé par les dieux et n'a pas d'origine surnaturelle.

Il est conforme aux processus qui gèrent l'esprit humain, lequel est cependant d'essence divine, selon les thèses métaphysiques d'alors. Dans les siècles qui suivirent, s'est imposée une classification sommaire des rêves. Il y a ceux qui ont leur origine dans le présent ou le passé du rêveur, comme les rêves de soif, ou les représentations d'enfance. Il y a ceux qui semblent concerner l'avenir, entre lesquels on distingue la prophétie reçue en songe, la prédiction d'un événement, la représentation symbolique ayant valeur d'énigme.

Vous le savez, nous rencontrons encore à notre époque diverses conceptions de la valeur du rêve où subsistent des rejetons de cette classification ancienne. Certains y voient toujours une dimension surnaturelle, d'autres une sorte d'avertissement ; d'autres enfin une prémonition d'évènements ou une préfiguration de leur destin.

Ce qui est remarquable, au long de ces évolutions de la pensée collective, tient à la prise en compte du « tableau » du rêve. Comme s'il était la donnée principale, un phénomène d'images et de sons qui s'imposait naturellement et dont il s'agissait de déchiffrer le sens.

C'est ici que Freud opère une rupture. Il déplace l'interrogation. Il s'agit, certes, de savoir ce que veut dire le rêve ou s'il veut dire quelque chose. Mais peut-on espérer y parvenir si l'on ne comprend pas à quel processus on a affaire ? Car le rêve est un processus psychique. Il est nécessairement produit, élaboré, avant d'aboutir à l'état ultime qui nous intrigue tant. D'où vient, comment est distribuée l'énergie nécessaire à une telle production ? Quelle est sa raison d'être ? etc.

Tout au long de son ouvrage *l'Interprétation des rêves*[14] Freud cherche à cerner des facteurs mis en jeu dans ce processus. Les têtes de chapitres indiquent l'avancée de cette quête : La déformation dans le rêve, matériel et sources du rêve ; le travail du rêve avec ses condensations, ses déplacements, ses procédés de figuration ; les affects dans le rêve ; l'élaboration secondaire ; la psychologie du rêve où sont étudiés l'oubli des rêves, la régression, l'accomplissement de désir, la fonction du rêve et du cauchemar, le refoulement, l'inconscient et la conscience de la réalité.

Vous l'avez noté, c'est au cours de cette recherche que s'impose à Freud le phénomène de la régression. Puis-je attirer votre attention sur un point dont nous verrons plus loin l'importance clinique ? Cette « régression » s'avère un processus qui ne nécessite pas d'intention consciente. Il s'accomplit alors que le sujet dort. Bref, la régression échappe radicalement au contrôle du système perception-conscience. Nous aurons l'occasion de comparer cette situation à celles que nous côtoyons chez de grands malades lors de rêves éveillés, de semi-conscience ou de phénomènes hallucinatoires. Pour examiner et tenter de décrire cette particularité de notre vie mentale nous devons avoir présents à l'esprit deux axiomes. Le premier nous rappelle que, vivants situés dans l'échelle de l'évolution, nous sommes dotés d'un appareil construit à partir de l'appareil réflexe. Freud écrit : « Le réflexe reste le modèle de toute production psychique ». Bien entendu ce modèle est largement débordé et transformé. Le second axiome découle du premier. Le système psychique du vivant est un moyen d'adaptation à l'environnement. Il recueille les informations livrées par le système perceptif, il les interprète ; les utilise pour préparer des réactions adaptées ; il déclenche ensuite la motricité. Aussi le

---

[14] Freud, 1971, « l'Interprétation des rêves », Ed PUF.

processus est-il normalement « orienté ». Il part des extrémités perceptives pour aboutir aux extrémités motrices.

Freud insiste, comme Bergson à la même époque, sur le fait que la perception est toujours ouverte à de nouveaux stimuli. Elle ne retient rien. Elle s'oppose ainsi à l'instance qui garde les traces de ce qui a été perçu, la mémoire. Ces « traces mnésiques » sont sujettes à des modifications, des réaménagements qui enrichissent sans cesse un « lieu psychique » pour l'essentiel inaccessible aux lumières de notre conscience. Ainsi entre le donné perceptif issu de l'environnement et la réponse motrice adaptée, notre vie psychique déploie une activité incessante. Mais ce que nous apprend l'étude des rêves tient à ceci. Le processus orienté qui, dans la vie éveillée débouche sur l'action, subit alors un renversement. Il reflue vers les représentations archaïques de la mémoire, celles là même qui nous apparaissent en songe.

Pour illustrer cette « régression », Freud utilise un schéma bien connu. Comme vous n'avez pas tous lu *l'Interprétation des rêves*, je me permets de le reproduire ici :

$$\text{P} \xrightarrow{\text{Perception}} \boxed{\quad S^1 \quad S^2 \quad S^3 \quad \overset{\text{Inconscient}}{} \quad S^4 \quad} \overset{\text{Prc}}{\searrow} \text{Motricité}$$

Commentons ce schéma.

En **P** l'appareil psychique est traversé par les stimuli perceptifs. Il n'est en rien modifié par eux. En **S**, les données perceptives sont transformées en excitations qui laissent une trace durable dite mnésique (ou plutôt un ensemble associé de ces traces). En S^2, S^3 et S^4, les traces S^1 retrouvent des traces précédentes selon des associations de contiguïté, de ressemblance, de simultanéité, longuement étudiées dans « le travail du rêve ». Au fur et à mesure de ces aménagements, l'expérience du sujet est revisitée, aménagée pour atteindre en S^4 le seuil du préconscient. Normalement cette « intégrale » des représentations devrait déboucher sur la prise de conscience avec la réaction motrice adaptée.

Cependant, l'inhibition due au sommeil bloque cette décharge de l'innervation motrice. On assiste alors à un parcours inversé. L'excitation suit un chemin rétrograde. Toutefois au cours de cette « régression », peu à peu les pensées associées aux expériences du passé, spécialement les relations entre les images, sont désagrégées. Il ne subsiste en dernier ressort que des images de perception. Elles s'imposent de façon hallucinatoire et forment les tableaux plus ou moins intenses, plus ou moins déconcertants.

Voilà, note Freud, ce que nous constatons. Le rêve nous indique une faculté propre, inconsciente, appauvrissant le contenu des représentations pour aboutir à des groupes d'images sensorielles. Ce caractère « regredient » ne s'inscrit pas dans les lois connues de la psychologie consciente.

Très bien, me direz-vous. Et après ? Certes, le rêve est un phénomène intéressant. Mais ce n'est pas notre problème quotidien. En quoi peut-on tirer partie de ce qui vient d'être évoqué ? J'y reviendrai dans un moment. Je vous demande juste un peu de patience.

En effet, l'étude du rêve nous apprend autre chose. D'une façon générale on peut dire que le processus regrédient a sa topique. Passant d'une instance à une autre, il transporte des éléments de représentation depuis le système perceptif jusqu'aux souvenirs les plus archaïques, les plus infantiles de la mémoire inconsciente. Cependant, des époques moins reculées de l'histoire du sujet peuvent être investies. La régression sera moins poussée. Dans ce cas, les formations psychiques antérieures ne sont pas autant appauvries. Elles comportent, non seulement des images muettes comme dans certains rêves, mais aussi des scènes où subsistent les données verbales, les souvenirs de relations entre protagonistes de tel ou tel moment d'existence.

Il est donc apparu nécessaire de distinguer deux modes de régression. Ou bien elle réactualise une époque des investissements affectifs et sociaux du sujet. On dira alors qu'il s'agit d'une régression de phase. Ou bien elle revient à des modes primitifs d'expression et de figuration qui remplacent les modes habituels de la pensée verbalisée. On dira alors qu'il s'agit d'une régression formelle.

Tout se passe donc comme si, devant l'impossibilité d'aboutir à une décharge satisfaisante dans ou par l'environnement, le système psychique s'orientait vers des scénarios antérieurs de satisfaction ou bien qu'il faisait resurgir l'image d'un objet de satisfaction dont la trace était conservée depuis un lointain passé.

Nous pouvons à présent étudier les manifestations de cette faculté de l'inconscient dans des domaines autres que celui où l'inhibition est due au sommeil.

Approfondissant ces notions vingt-cinq ans après *l'Interprétation des rêves*, Freud écrit : « l'Inhibition est l'expression d'une limitation fonctionnelle du Moi qui peut avoir des origines très différentes ». Ou bien, explique-t-il, le Moi renonce à des fonctions, pourtant à sa disposition, afin d'éviter un conflit avec les exigences d'une force pulsionnelle. Ou bien il ne se sent pas le droit de les mettre en œuvre, évitant ainsi d'entrer en conflit avec le Surmoi. Enfin, le Moi peut connaître cette limitation lorsqu'il est soumis à une tâche psychique particulière qui entraîne un grand appauvrissement d'énergie. C'est le cas, par exemple, du deuil ou d'un conflit important.

Quittons à présent ces rappels théoriques. Venons en à la clinique médicale, c'est-à-dire à votre souci quotidien. Allons-nous retrouver les trois facteurs indiqués par Freud, ou l'un d'entre eux, à l'œuvre dans les évolutions que vous côtoyez ? Ou bien les malades en situation palliative ont-ils d'autres faits à nous apprendre concernant la régression ? Le débat est ouvert. Nous allons simplement tenter d'y mettre un peu d'ordre. Toutefois, il est nécessaire de le restreindre au domaine dans lequel l'apport psychanalytique reste pertinent.

A quelle restriction fais-je allusion ? Eh bien vous conviendrez avec moi qu'en soins palliatifs on se préoccupe de la condition physiologique des patients, également des conditions morales, sociales, spirituelles, auxquelles ils se réfèrent. Ce n'est pas ce qui va retenir notre attention. Nous nous en tiendrons à ce que j'évoquerai, si vous me passez l'expression, comme « la condition libidinale » du grand malade. Que la découverte freudienne nous a-t-elle appris ? Il y a dans les montages pulsionnels, à la connexion du somatique et du psychique ou, si vous préférez, de la force instinctuelle et de ses représentations, quelque chose d'indestructible. Bref, le malade demeure, tant qu'il a un souffle de vie, un désirant. D'où l'interrogation : comment sa libido, même amenuisée, trouve-t-elle son emploi ? Que peut-il en faire ? Cette question n'est pas académique. Elle concerne l'état général du patient si l'on se rappelle que la quête libidinale, cette « faim d'amour », selon l'expression de Freud, constitue la force principale d'opposition au travail muet de la pulsion de mort. Certes l'homme finit par mourir, mais il est conforme à son être de soutenir des désirs jusqu'à la mort. Habituellement, celui ou celle qui est hospitalisé(e) à la suite d'une affection irréversible a connu, en tant qu'adulte (je mets de côté ici le problème des enfants) une maturation de sa libido. Le primat des investissements génitaux s'est imposé, enrôlant à son service les aménagements des stades oral, anal, phallique. Dans la mesure où les relations sexuelles ne peuvent plus avoir lieu, l'objet du désir amoureux n'est plus accessible. Cependant il peut être représenté. Tel patient évoque devant vous la femme dont il est séparé. Telle patiente vous parle de son mari disparu quelques années auparavant. Jusque là me direz-vous, rien d'anormal. Retenez simplement ceci : les images qui surgissent dans la conscience du malade impliquent un rapport du passé au présent du fait même qu'il les verbalise. Car vous appartenez au présent. Vous êtes l'autre, le « vous » avec qui le sujet peut situer « il ou elle » dans un ailleurs temporel.

Que se passe-t-il si le malade est seul ? S'il ne trouve personne auprès de qui actualiser ses représentations ? La solitude ici peut être sociale, par manque réel d'interlocuteur. Elle peut être psychique si le malade ne vous connaît pas, ne veut ou ne peut plus faire l'effort d'investir cette présence humaine à côté de son lit. Qu'entraîne une telle solitude ? La porte est-elle alors ouverte à une régression formelle ? Peut-être. Dans ce cas, les formes représentatives d'un passé relativement récent vont être attirées par des images plus anciennes. Sans qu'il en soit conscient le malade va recomposer différents visages ou attitudes qui répondirent à sa demande d'amour. Parmi elles, pourront s'éveiller des figurations de plus en plus anciennes de la présence féminine ou masculine. Compte tenu de la situation de dépendance du malade, c'est bien jusqu'aux imagos archaïques de la mère que pourra refluer la libido. Pourtant le processus trouve sa limite. Le retour vers les traces mnésiques de l'objet primaire que fut le corps maternel et la tentative de revivre une expérience de satisfaction correspondante se heurtent à l'interdit du Surmoi, porteur de la prohibition de l'inceste. Freud voit dans cet interdit le point de butée de toute régression d'objet. Que se passe-t-il lorsque le processus regrédient approche de cette butée ? La cure analytique nous indique un signal annonciateur dont vous pouvez repérer l'effet chez vos malades. Car ce qui advient alors, lorsque devient trop insistante la possibilité d'une condamnation, c'est l'angoisse. Je vous renvoie ici à notre précédent entretien sur cet affect.

Couramment, l'autre mode de régression, celui de phase d'existence, avec des scénarios de satisfactions que réactualise le sujet, peut attirer votre attention. Toutefois, il n'est pas facile de savoir s'il s'agit d'une production de souvenirs qui étaient disponibles dans le préconscient, ou si l'on a affaire à une réelle régression. Par exemple, l'intérêt excessif que porte un malade à ses selles est-il à situer dans le registre d'une préoccupation liée aux anxiétés de la maladie ? Ou est-il à situer dans les phénomènes régressifs ? Sans doute peut-on se référer au niveau de conscience ou d'inconscience que manifeste le patient à l'égard des aspects anormaux, dérangeants, de son comportement. Il se peut même que les deux niveaux psychiques s'expriment parallèlement. Le malade peut en effet justifier par des connotations raisonnables son soudain intérêt. Reste que le plaisir qu'il prend à sa préoccupation, la quantité de libido anale qui s'y décharge peut lui paraître naturelle alors que nous y notons un aspect insolite pour une personnalité de son âge et de sa culture.

Nous assistons parfois à des régressions symboliques qui posent le même genre de problème. Par exemple, une vieille dame évoque devant vous son fils éloigné dont elle est sans nouvelles depuis longtemps. Elle parle de lui au passé. Ce sont des souvenirs. Mais lorsqu'elle s'emporte contre son mauvais caractère ou lui reproche son peu d'ardeur au travail et se plaint du souci qu'il lui cause, voici qu'elle parle au présent. De quel « présent » s'agit-il ? Est-ce une simple figure de style, grammaticale ? Ou est-elle à son insu dans ce présent., revivant les satisfactions, insatisfactions, sévérités ou mansuétudes d'un scénario qui se déroula il y a trente ou cinquante ans ? Pour quel bénéfice ? Eh bien, dans cette régression, son fils est là. Peut être pas dans la chambre, mais il fait toujours partie de sa vie.

Vous remarquerez, au passage, que la charge d'amour qui trouve ainsi son emploi est peut-être pour la vieille dame une nécessité. En tout cas, cela me conduit à poser une question devant vous. Rappelez-vous notre entretien sur le deuil. Freud faisait remarquer que les déliaisons entre souvenirs et affects, nécessitées par le travail de deuil, étaient précédées d'une dernière intensification des émotions liées à l'objet d'amour. Ma question est donc la suivante : cette régression de notre patiente est-elle un événement psychique contingent ou correspond-elle chez elle à ce moment de son histoire subjective, à une nécessité ? Préfigure-t-elle un pas inévitable, un pas qu'elle doit franchir, dans le deuil de sa vie ? Vous le voyez, la question est d'importance pour ceux qui se consacrent aux soins palliatifs. Je la laisse donc en suspens...

D'une façon générale nous remarquons une telle fréquence des régressions formelles ou des régressions symboliques dans les états pré-terminaux ou dans les phases terminales, que nous pouvons élargir notre interrogation. Quels avantages va tirer le sujet de ce reflux libidinal qui réactive d'anciennes représentations et d'anciens modes de satisfaction ? Nous avons évoqué tout à l'heure la « solitude psychique » dans laquelle s'enferment momentanément ou longuement certains malades. J'avais dit que tout se passait comme s'ils ne voulaient pas investir la présence humaine qui était à leur chevet. Une observation plus soutenue nous montre que ce non-investissement évolue avec le temps. Ceux qui s'occupent de personnes très âgées ou de grands malades savent qu'à une certaine époque ils rechignent à faire connaissance avec des inconnus. C'est aussi vrai de nouveaux soignants que de nouveaux voisins de chambre. Ces patients n'ont plus envie de faire l'effort d'instaurer un nouveau lien, d'y dépenser de l'intérêt, d'entrer dans les obligations de la parole échangée, etc. Lorsque leurs forces diminuent, on assiste également à des moments de désinvestissement à l'égard de personnes connues, voire des proches. Ces derniers supportent parfois difficilement ce qui leur semble un désintérêt, surtout si la venue auprès du malade leur a coûté du temps, divers soucis, ou un peu de culpabilité. Bref, l'ensemble de cette évolution montre une progressive diminution de la libido disponible pour l'environnement. Elle a deux raisons principales. La première, que j'indique pour mémoire, tient à l'importance de la mise narcissique du sujet. Nous avons déjà évoqué ce corrélat psychique de la maladie. L'investissement du corps et de ses images internes s'en trouve accru. La seconde raison est à situer du côté de la diminution d'énergie psychique. L'investissement du monde imaginaire du sujet, soit l'introversion de sa libido, lui coûte bien moins d'efforts que l'adaptation aux propos, souhaits, émotions de son entourage. Et cette économie de force psychique est d'autant plus nécessaire que le malade dépend d'un métabolisme restreint. Le surplus disponible, dévolu à la libido, diminue. Bien entendu cette tendance à l'économie libidinale, en favorisant l'introversion, accroît la disposition aux différents modes de la régression, sans que le sujet ait besoin d'en prendre conscience. Il réalise ainsi une double opération, il se protège et maintient un régime minimum de satisfaction libidinale.

Arrivé à ce point, une question pratique peut s'imposer à votre esprit. Quelle conduite tenir durant ces phases régressives ? Avant de répondre, si toutefois une réponse générale est possible, il me paraît important de lever une confusion. Elle tient aux apparences. On entend dire parfois, en de telles occasions, « le malade délire ». Certes, il arrive que nous nous trouvions confrontés à des délires partiels, voire aux premiers symptômes de ce qui deviendra une démence. Cependant, vous avez alors à vous interroger sur ce qui rend si énigmatique la position du délirant. Elle comporte toujours un déni de réalité auquel est substitué l'univers construit par le délire. Or, il vous est certainement arrivé de constater qu'un patient opérant une régression, se retrouve, d'emblée, disponible pour vos soins, pour prendre son repas, etc. En ce sens, s'évader de la réalité pour un temps, afin de faire revivre autrement les objets ou possibilités du désir, n'est pas équivalent à dénier cette réalité, à dire qu'elle n'existe pas. Le malade qui, dans le domaine libidinal revit les expériences affectives du passé, ne vous dit pas pour autant que sa chambre est une prairie ou qu'il est Napoléon. Il ne sait que trop que cette chambre d'hôpital et cette solitude sont malheureusement réelles et entravent son besoin d'amour.

En apportant cette distinction, je conviens qu'elle n'est pas un « sésame » vous permettant à coup sûr de vous y retrouver.

Nous savons que les maladies graves peuvent parfois affecter des organes vitaux sans atteindre le système cérébro-spinal. Malheureusement les effets destructeurs peuvent aussi toucher temporairement ou définitivement la vie mentale. Il est donc difficile d'isoler le mouvement régressif du contexte pathologique général dans lequel il se produit.

Vous comprenez pourquoi j'évoquais tout à l'heure le fait qu'il n'y avait peut-être pas de reprise générale à la question : quelle conduite tenir face aux régressions d'un patient ? On ne peut ici échapper à une dimension morale. Ce que nous donne à côtoyer le sujet, non dans le champ des objets du savoir médical, mais en tant que personnalité singulière, ce qu'il produit sous nos yeux, le fait-il pour son bien ? Ou cela lui est-il nocif ? Cette interrogation évidemment nous renvoie à une autre. En quoi sommes-nous concernés par cette alternative ? Dire du malade qu'il suppose que nous puissions quelque chose pour son bien, nous met sur une piste : celle du transfert. Nous l'étudierons plus tard. D'ores et déjà on peut tout de même rappeler que la demande du malade, en tant qu'elle s'adresse au savoir médical, concerne sa guérison ou l'atténuation de ses souffrances. Certes, ce sont là des biens importants. Ils n'en restent pas moins particuliers. Et si l'on s'en tient à son propre message, le patient nous demande-t-il de nous occuper de son Bien en général ? Sommes-nous habilités par lui à prendre parti pour ou contre l'usage qu'il fait (à son insu, je le répète) de la régression ? On pourrait établir un parallèle en se demandant si nous sommes les gardiens de ses rêves ou de ses cauchemars ? Nous le demande-t-il ? Lorsqu'il nous prie de lui donner un médicament pour dormir, est-ce un passeport pour sa subjectivité dans l'autre royaume, celui des songes ? La régression de façon analogue au rêve est cette part de la vie du sujet où il met au travail sa propre histoire, plus précisément celle de ses désirs, de ses amours ou de ses haines.

Vous pouvez être témoins de ce qui en apparaît dans son comportement. Etre témoin signifie-t-il pour autant intervenir, c'est-à-dire peser sur l'événement ? Dans un texte célèbre, *La Reprise*[15], S. Kierkegaard s'adresse à un témoin imaginaire. Il l'appelle son « confident muet ». Lui ayant signifié que l'affligé ne peut s'ouvrir au premier venu, car il est toujours un peu jaloux de sa peine et exige le silence, il pose devant le confident muet les questions suivantes : « A quel titre ai-je été intéressé à cette vaste entreprise qu'on appelle la réalité ? Pourquoi faut-il que j'y sois intéressé ? N'est-ce pas une affaire libre ? »

Optons donc pour l'idée que la régression est une expression de la liberté du sujet souffrant. Cela signifie-t-il pour autant que la qualité du témoin, du soignant, se résume ici à son silence ? Evidemment non. D'abord parce qu'un témoin parle. Avec cette réserve qu'il témoigne de ce qu'il a vu ou entendu sans interprétation des faits. La seconde réserve tient à ce qu'il prend la parole lorsqu'on la lui donne. Mais précisément, et S. Kierkegaard l'avait bien vu, même lorsque le témoin se tait, il est présent. Il appartient à cette réalité que le malade ne peut temporairement ou longuement investir. Sa présence, même silencieuse, revêt la signification suivante. Il y a à côté du chevet, et donc à côté des fantasmes, une possibilité de parole. Après que Job ait traversé l'enfer de l'incompréhension chez ceux qui l'entouraient, note S. Kierkegaard, les hommes peuvent revenir manger le pain avec lui. Ses frères et sœurs le consolent. C'est ce que l'on appelle « une reprise ».

Nous reprendrons plus en détail ces questions lorsque nous étudierons les aléas du transfert chez les grands malades.

Pour l'instant je n'en dirai pas plus sur l'événement psychique appelé régression. Vous ne pouvez compter que sur vous-même,

---

[15] S.Kierkeggard, 1993, « La Reprise », Bouquins, Ed Robert Laffont.

dans la singularité de chaque cas, pour y reconnaître une nécessité chez votre patient, et pour déterminer la conduite à tenir. Je souhaite simplement que ces quelques apports venus du champ de la psychanalyse puissent vous aider à comprendre à quels processus fait appel, à son insu, votre malade.

V

A PROPOS DU TRANSFERT

« *Celui qui se souvient d'une chose qui lui a une fois donné du plaisir, désire la posséder dans les mêmes circonstances que la première fois* »

Spinoza
Ethique, 3e partie

Vous m'accorderez que le terme de « transfert » connaît un sort enviable. Il a envahi les propos privés ou publics, les radios, télévisions, magazines qui auscultent ou exhibent la psyché de nos contemporains. Freud n'en avait sans doute pas demandé tant. Inclinons-nous donc devant l'engouement que suscite un tel vocable. Que peut-il indiquer au juste ? Ou, plus pertinemment, que voulait dire le père de la psychanalyse en l'employant ? Quelques précisions sur les notions mises en jeu constitueront un préalable à la question que je formulerai ainsi : existe-t-il en médecine palliative des modalités de la relation soignant-soigné comparables aux situations affectives évoquées par Freud sous le terme de transfert ? Ou s'agit-il de manifestations émotionnelles d'un registre différent, dont la valeur analogique reste très vague ? Par rapport à d'autres thèmes que nous avons déjà abordés, celui d'aujourd'hui vous paraîtra peut être un peu moins austère. Je dirais presque : quelque peu récréatif. En effet, nous allons voir que si l'amour, qu'il soit de transfert ou non, ne doit jamais être pris à la légère, l'objet de cet amour peut prêter à sourire. Freud ayant reçu les aveux les plus tendres d'une jolie patiente nous raconte avec humour que, planté le soir devant sa glace, il se dit que le monsieur devant lui n'avait pu en aucun cas susciter une telle passion. Et pourtant.... Et pourtant le même homme, âgé et bienveillant, devait admettre que les ricanements, insolences ou autres attitudes hostiles de ses patients laissaient affleurer ce qu'il convient d'appeler une haine de transfert.

Dans *Introduction à la Psychanalyse*[16] vous trouverez à l'avant dernier chapitre une description détaillée des nuances affectives auxquelles est confronté le thérapeute. Les sentiments positifs du patient se manifestent sous forme d'intérêt, d'acquiescement, d'estime, d'aveu, de reconnaissance. Leur intensité peut sembler

---

[16] S.Freud, « Introduction à la Psychanalyse », *n°6*, Ed Petite Bibliothèque Payot.

normale puis soudain excessive. Par exemple, une patiente souhaitera devenir la maîtresse ou la fille préférée; un homme cherchera à être reconnu comme un proche, un élève distingué, le fils supplémentaire, l'ami inséparable. Les sentiments négatifs connaîtront des expressions aussi variées. De l'antipathie à l'hostilité sournoise, de la méfiance à la mise en cause de la compétence, du mépris à la médisance en ville, et tous évitements possibles pour bloquer le travail ou indisposer l'analyste. Fréquemment les sentiments hostiles seront masqués dans un premier temps par des expressions de confiance ou d'admiration. Le plus remarquable souligne Freud tient à ce que, plus le traitement avance, plus les aspects excessifs de la névrose se rapportent à la relation thérapeutique elle-même.

Dès la première génération, une question s'est posée aux psychanalystes. Ces passions transférentielles relèvent-elles d'une tentative mensongère, d'un semblant d'amour ou d'hostilité ? Ou s'agit-il de sentiments sincères aussi vrais, aussi prégnants, que ceux que nous connaissons dans nos amours ou nos haines ? On s'est vite rendu à l'évidence. L'amour de transfert était un véritable amour. La haine de transfert était bien réelle. Evidement ce constat apportait plus d'embarras que s'il s'était agi d'un mensonge affectif commis peut être à leur insu par les patients. Evidemment l'authenticité d'une telle situation mettait en question la personnalité du psychanalyste. Etait-il à son insu le séducteur qui entraînait un tel état de fait ? Mais comment rendre compte alors du caractère général, quasi inévitable, du phénomène de transfert dans toutes les cures ou presque ? Et ceci avec les nombreux analystes en exercice ? Il n'y avait qu'une réponse possible. Freud la formula assez vite. L'amour était sincère, simplement il trouvait dans l'analyste un destinataire qui n'était pas le bon. Il y avait chaque fois, systématiquement, ce que l'on pourrait appeler erreur sur la personne. Certes, le sens commun nous dit que bien des amoureux idéalisent leur partenaire. L'amour rend aveugle, c'est connu. D'où les déceptions plus ou moins grandes lorsque l'écaille tombe des yeux. Cependant le partenaire, en général, y a mis un peu du sien pour se présenter sous le meilleur jour. S'il y a eu survalorisation de ses qualités ou méconnaissance de ses défauts, cela n'était pas, à proprement parler, une erreur sur la personne. Qu'a donc voulu signifier Freud en insistant sur le fait que le psychanalyste n'était pas le vrai destinataire de la passion qu'à son corps défendant il inspirait ?

Si vous le voulez bien prenons comme point de départ ceci : les transferts révèlent la possibilité d'une discordance entre la vérité du sentiment et les circonstances de son apparition.

C'est à partir de ce constat que Lacan, dans son séminaire sur le transfert, va aborder une question décisive : « quel est le ressort de l'amour ? » On peut y ajouter un corollaire : existe-t-il pour l'homme plusieurs sortes d'amour ? Ne croyez pas qu'il s'agisse là d'une interrogation contemporaine. Si la psychanalyse chercher à la reformuler, elle occupait déjà la pensée grecque. Dans son dialogue intitulé *Le Banquet*[17], Platon l'expose et la discute longuement. Il met en scène un spécialiste en la matière, Socrate. Notons au passage que la médecine est évoquée dans ce dialogue, avec une remarque d'Eryximaque, l'un des participants au banquet. Il dit : « Autre est l'amour inhérent à l'état sain, autre est l'amour inhérent à l'état morbide ». Vous le voyez, notre questionnement ne date pas d'hier.

Sans ouvrir ici les longues pages du *Banquet*, il me paraît intéressant d'en souligner quelques idées-forces. Socrate est sans doute le premier penseur occidental à avoir formulé que le ressort de l'amour tient à une différence de position subjective, car tout amour suppose deux pôles : l'aimant ou désirant et

---

[17] Platon, « Le Banquet », Ed Garnier Flammarion.

l'aimé ou désiré. Or, remarque-t-il, cette dualité est asymétrique car l'aimant, le désirant cherche quelque chose qu'il n'a pas. Dans le mythe grec sur la Naissance de l'amour, la Désirante s'appelle Aporia, qui veut dire la pauvresse, la sans-ressource. L'aimé, le désiré lui, possède quelque chose que vise l'aimant. Mais quoi ? Evidemment ce quelque chose est supposé être son bien, quelque qualité qui serait un bien qui manque à l'aimant ou qui lui ferait du bien. Car, remarque Platon, personne ne désire autre chose qu'une forme du bien et certainement pas son mal. Ainsi nous avons un couple inter-subjectif où l'un des pôles est actif parce que dénué, pauvre en quelque chose, et l'autre est passif mais détient ce « x » qui le fait aimer. Cela veut-il dire que lui-même connaît ce « x » ? Nous savons bien que ce n'est souvent pas le cas. De même, chacun sait-il vraiment ce qui lui manque et qu'il désire chez l'autre ? Ce n'est pas non plus la règle générale. Nous reviendrons là-dessus tout à l'heure à propos du transfert.

La deuxième notion essentielle que dégage Socrate, c'est qu'une chose est l'amour, autre chose est le désir. L'objet de l'amour c'est l'autre en tant qu'être humain avec sa complexité d'individu physique, social, parlant. L'objet de désir lui, a à voir avec le corps de l'autre strictement. Nous verrons comment l'approche psychanalytique et son vécu transférentiel permettent de préciser les enjeux à ces différents niveaux. Mais ce que Platon fait dire à ses personnages, et que l'expérience quotidienne confirme aujourd'hui comme naguère, tient à ceci : Lorsque l'aimé apparaît comme nanti idéalement du bien qui me manque, et lorsque aussi son corps est censé receler l'objet « bon » pour mon désir, alors se produit cet état mêlé d'amour et de désir : l'état amoureux.

Abordons maintenant, si vous le voulez bien, la question de l'Amour de Transfert ou son opposé, la Haine de Transfert. La

Naissance de l'amour, dans le mythe grec ne fait pas allusion directement à ce que le champ Freudien a mis en évidence : comment le petit humain naît-il non seulement à l'existence, mais à l'amour ? Il est bien le « sans ressource » par excellence au point que, pour reprendre le mot de Winnicott, « un bébé seul ça n'existe pas ». Et si d'entrée de jeu la mère a la puissance de survie, le lait qui lui manque, bref, si elle détient les « biens » dont dépend son existence, elle possède aussi quelque chose de fondamental : le savoir-faire. Elle sait les gestes et les mots, les affects qui répondent aux cris puis à la demande de l'enfant. Ainsi chacun de nous, à l'aube de sa vie, se trouve participant à une relation où l'Autre primordial est supposé savoir agir pour son bien. Dans la réalité la Mère sait faire beaucoup de choses, mais dans l'imaginaire de l'enfant elle est supposée savoir tout sur son bien et le vouloir. Non seulement elle est détentrice du savoir-faire gestuel, de l'expérience active, mais elle est aussi détentrice des moyens de signification, c'est-à-dire du langage. Dans la recherche des satisfactions de besoins primordiaux, l'enfant est introduit au nom des objets ou biens qu'il souhaite, ceci par l'usage qu'ils ont dans la façon dont la mère lui signifie son propre désir. C'est à la mère qui dit en donnant le biberon « mon petit chéri va boire » que répondra la demande formulée, non plus par un cri de détresse mais sous sa forme langagière « à boire, maman ». Ainsi les associations de perceptions les plus précoces conjoignent autant les images visuelles de l'aimé et du désirable que les images acoustiques de ce qui peut en être signifié.

L'Autre primordial n'est pas seulement celle qui apporte les satisfactions liées magiquement à sa présence charnelle. Plus radicalement, elle est détentrice de paroles qui accompagnent ou évoquent toutes les satisfactions possibles. Pour l'enfant, une telle supposition ouvre des voies nouvelles dans la construction de l'amour. Comment comprendre cela ? Si celle qui recèle ce que je convoite et qui m'évite le déplaisir, sait en toutes circonstances faire état de mon bien, alors selon que ce dernier arrivera ou non, je ne pourrai imaginer chez elle quelque impossibilité ou quelque impuissance. Ma satisfaction ne pourra être que l'effet de sa décision. Cette dimension apparaissant dans le champ de l'amour, c'est celle du refus ou du don.

Les éducatrices savent que l'enfant cherche inlassablement un renouvellement, une réactualisation du don. Apparemment il convoite un bonbon, un jouet, le récit d'une histoire. En réalité il veut s'assurer que le bonbon ou le jouet vont lui être « accordés » ainsi que le temps pris pour raconter l'histoire. Car c'est moins la chose ou l'histoire qui importe alors que, par elle provoqué, ce don qui est le signe de l'amour, d'un amour qui ne se dément pas. Le langage adulte souscrit à ces enjeux. Ne disons-nous pas d'une femme qu'elle a « donné » la vie, d'une mère qu'elle « donne » le sein ? Pour signifier la prééminence du don sur les processus naturels nous employons même cette curieuse formule selon laquelle, à cet enfant, les parents ont « donné » le jour.

L'inconscient, selon une formule bien connue, c'est l'infantile en nous. Vous ne serez donc pas étonnés que sa mise en acte, dans la cure analytique, puisse favoriser le transfert sur la personne du thérapeute de passions amoureuses ou agressives dont les objets hantèrent les premières années d'existence. Images de territoires corporels érotisés, ombres d'amours impossibles, rancunes de la frustration, prétentions imaginaires échouées sur les plages de l'incompréhension, plaintes ou appels jamais entendus, toute la sexualité infantile est là, vibrante dans la mémoire refoulée.

Toutefois si les élans du transfert, en psychanalyse, portent ce sceau qui leur donne un caractère particulier, nous pouvons tirer de leur apparition un enseignement plus général. Revenant aux formules énoncées par Lacan dans son séminaire, je vous proposerai les repères suivants. Celui à qui je suppose, au-delà de toute vérification, un savoir pour mon bien, je l'aime. Et nous trouvons ici toutes les nuances d'une palette affective. De la bienveillance à la sympathie, de l'estime à l'affection, du sentiment amoureux à la passion. Autant de modes de ce que l'on appelle transfert positif. Celui que je désuppose, avec ou sans raison, d'un savoir pour mon bien, je l'ai en aversion. Et nous trouvons ici toutes les nuances d'une palette de sentiments hostiles. De la méfiance à l'antipathie, du mépris à la rancune, de l'agressivité à la haine. Autant de modes de ce que l'on appelle transfert négatif.

Un transfert positif peut-il se transformer en transfert négatif ? L'expérience montre que plus l'affect positif lié à l'imaginaire d'un savoir est intense, plus son contraire, l'affect négatif, aura d'intensité. Seule l'indifférence conduit à une égale indifférence. La vie amoureuse nous donne le spectacle courant de ce renversement des intensités affectives. C'est la femme dont l'amour fut passionné qui déploiera le plus de haine à l'égard de son ancien amant, c'est l'homme dont l'amour idéalisa sa partenaire qui la couvrira le plus de mépris. Air connu. Mais vous ne pouvez, bien entendu, vous contenter de ce constat. En effet, la question qui vient aux lèvres est la suivante : pourquoi et comment l'amour peut-il se commuer en haine ? La réponse ne se situe pas dans quelques avatars de l'émotion. Elle se situe du côté du savoir. Plus précisément du savoir que l'un supposait à l'autre pour assurer son bien. C'est lorsque le savoir dont je créditais imaginairement l'aimé, celui ou celle dont j'attendais mon bien, vers qui se tendait mon désir, c'est lorsque ce savoir s'avère défaillant, impuissant ou mensonger que s'opère le renversement. Je ne puis dès lors que lui imputer l'écroulement de mon illusion. Non seulement il s'avère incapable de quoi que ce soit pour mon bien, mais je le rends responsable de la blessure qui me traverse.

Nous pouvons aborder à présent la qualité de transfert qui vous concerne au plus près. A quelles motions affectives avez-vous affaire dans la relation médicale ? Le lien thérapeutique comporte plusieurs caractéristiques qu'il nous faut examiner. La demande du malade est, on le sait, une demande de guérison ou pour le moins celle d'apaiser ses souffrances. A cette demande répond l'offre de la médecine. Elle comporte deux aspects fondamentaux. Le premier peut être situé dans l'accumulation d'un savoir. Les sciences biomédicales en constituent la forme actuelle la plus avancée. Mais de tous temps, quelles qu'aient été les formes du savoir médical, il a intéressé la subjectivité du patient lors d'un moment décisif. Celui du diagnostic ou du pronostic. Balint a souligné combien la nomination de l'affection dont souffrait le malade avait d'importance. Le fait que sa maladie ait un nom, une signifiance, lui permettait de situer dans l'ordre symbolique, dans une représentation humanisée et universelle ce qu'il vivait au niveau du Moi comme expérience de quelque chose d'innommable dans son corps.

Mais un second aspect du grand œuvre médical doit retenir notre attention. Il s'agit de la prescription. Pas de médecine sans médication. Hippocrate disait du médicament que la médecine le tenait des dieux. Ce que le patient attend du médecin c'est qu'il lui donne ce bon objet. L'usage de la langue veut d'ailleurs que vous « délivriez une ordonnance ». Délivrer, au sens second du terme apparaît au XIIIe siècle. Cela veut dire, remettre à quelqu'un, ou le mettre en possession d'un bien.

Ainsi ce que propose l'offre médicale pour répondre à la demande du patient revêt deux formes distinctes. Elle affirme une pertinence du savoir, elle promet un don. Certes, nous savons que la science médicale a ses limites et que les médicaments délivrés ne sont pas toujours d'une efficacité décisive. Pourtant, même si nous leur faisons part de ces restrictions, la plupart des patients incluent dans la relation thérapeutique une dimension imaginaire qui va favoriser l'éclosion du transfert. Pourquoi ? Comment ? C'est ce que nous allons essayer de comprendre.

Commençons par l'offre de savoir. Elle est d'abord publique. Avant que le patient ne prenne contact avec vous, avant que vous n'incarniez pour lui le « praticien » pouvant le soulager, il a été informé, comme tout citoyen, de l'importance du savoir médical. Les média, télévision, magazines, presse quotidienne s'y emploient. Comment se présente à lui cette pensée médicale ? Non comme un fatras de recettes ou d'interventions, mais bien comme une discipline articulée. J'emprunterai pour la spécifier le titre d'un bel ouvrage de Jean Clavreul, « les patients se trouvent face à l'Ordre médical ». Celui-ci ordonne le champ des savoir-dire et des savoir-faire. Il habilite ceux qui s'en réclament à l'exercice des connaissances. En ce sens il s'agit d'une présence symbolique, collective. Elle déborde de loin l'activité juridique et déontologique de ce qui en France s'appelle l'Ordre des médecins. Il s'agit d'une collaboration internationale, d'un lien scientifique et universitaire. Cela représente et valide une chaîne de pensées, de signifiants, accumulée par la tradition des Maîtres, ainsi qu'une hiérarchie des degrés du savoir au sein de la communauté médicale. C'est cette accumulation des connaissances dont vous devenez le représentant attitré au moment où vous interpelle la demande du malade. Vous n'êtes pas encore celui dont le traitement a des effets tangibles sur son état, que déjà vous êtes supposé savoir le soulager. La porte est ouverte à une disposition affective dont vous serez, d'entrée de jeu, le bénéficiaire.

Ce n'est pas tout. Vous êtes non seulement crédité des compétences intellectuelles que nous venons d'évoquer, mais plus encore, situé dans le rang des hommes de bien. Le médecin ne voue-t-il pas sa vie aux autres ? Et puis, vous allez donner ce bon objet, le médicament salutaire. Ainsi pour la subjectivité inconsciente du patient se conjuguent dans la figure idéalisée du médecin, l'aura paternelle, porteuse d'une culture, d'un savoir, et l'ombre donatrice de la présence maternelle.

Ces images vous paraissent gratuites ? Pourtant réfléchissez. Lequel d'entre vous ne souscrit-il pas à cet idéal ? Lequel va penser « je ne sais pas du tout ce que veut dire ce désordre urinaire mais je vais inventer une réponse ? Untel me demande un médicament, celui-là n'est pas bon pour lui mais je vais le prescrire quand même ». Il faut bien reconnaître, et c'est à votre honneur, que cela ne suffit à aucun d'entre vous d'être médecin. Il veut se voir comme « un bon médecin ». Est-ce par générosité envers ses malades ? Est-ce par narcissisme au regard de ses pairs ? Peu importe. Ce qui nous intéresse ici tient en quelques mots. Vous adhérez à un certain idéal de la Médecine. Vous n'êtes donc pas trop choqué par la propension du patient à idéaliser votre fonction, et, partant, un peu de vous-même. Vous allez donc accepter tout naturellement que dans la relation thérapeutique se glisse, entre les chaînes de l'échange technique, la trame du transfert.

Je vais ajouter quelque chose, c'est-à-dire un peu de poil à gratter. Vous seriez indifférent à ce transfert ? Ou vous y répondriez un peu ? Voyons cela. Il y a le bon malade, celui qui laisse entendre l'estime où il tient les recommandations. Il suit à la lettre les prescriptions. Il endure les difficultés et n'en fait pas reproche. Alors, sans trop chercher à comprendre pourquoi, son médecin le trouve sympathique.

Il y a le mauvais malade. Il se méfie de ce qu'on lui dit. Il ergote. Il préférerait une autre potion. Il trouve que le diagnostic ne correspond pas tout à fait à ce qu'il ressent. Alors le médecin ne peut s'empêcher d'être agacé. Il se demande quelles connaissances autorisent son patient à douter de lui. Bref, il ne l'aime pas, mais vraiment pas.

Ce sont ces remous intérieurs suscités par la couleur du transfert que l'on appelle : contre-transfert. Tantôt positif, tantôt négatif. Il nous rappelle à quel point la célèbre neutralité bienveillante que Freud recommandait aux thérapeutes n'est pas un don du ciel. Il y faut un certain effort. Vrai ou faux ?

Nous venons d'évoquer les relations habituelles en médecine générale. Nous aborderons tout à l'heure la question du transfert en soins palliatifs. Auparavant je voudrais développer devant vous quelques réflexions. Elles partent d'un constat. On a souvent dit : si les disciplines de recherche biomédicales s'inscrivent dans la logique des sciences, la pratique médicale, elle, demeure un art. Ceci parce que l'application des connaissances scientifiques à la singularité vivante qu'est chaque être humain et comporte une marge d'indécidable. Du diagnostic au pronostic, du traitement à la guérison, la route est semée d'embûches. Une attente s'impose au praticien comme au patient. Or, vous remarquerez qu'elle peut être vécue, subjectivement, de deux manières différentes. Pour le médecin, formé à l'esprit scientifique, le diagnostic, avec sa marge d'incertitude, prend valeur d'hypothèse. Il est en attente de vérifications. Vous savez comme moi qu'il y a une part d'imaginaire dans la formulation d'une hypothèse « Si...c'était cela, si tel traitement résolvait le symptôme... », etc. Mais précisément, la décision même des vérifications vise à combattre ce que cette hypothèse pourrait contenir d'illusion. L'autre manière de vivre l'attente, c'est l'espoir. L'espérance, chez le malade, consiste à croire en un bien futur. Ce bien, nous le savons, c'est la fin de ses tourments et si possible la santé recouvrée. Il se tient dans une disposition d'esprit où, à des perspectives imaginaires, s'ajoute un report des certitudes que pourrait imposer la réalité. Autrement dit, le malade met en suspens le verdict des vérifications. Mieux encore, il anticipe sur elles en les colorant de son désir. Elles aboutiront nécessairement à la confirmation de son vœu.

Vous demanderez : quel est le moteur d'une telle croyance ? Comme nous l'enseigne le langage, croire, avoir la foi, c'est se fier à quelque chose ou à quelqu'un. En quoi ce patient a-t-il confiance ? Soit en la puissance de la médecine, soit en celle de celui qui l'incarne. Mais de quelle puissance s'agit-il ? De celle d'un savoir limité ? Qui peut le lui prouver ? Peut être s'étend-il bien au-delà de ce que sa modeste raison d'homme souffrant peut en connaître ? Pourquoi la science médicale ne serait-elle pas infaillible concernant précisément son propre cas ? Bref, que suppose-t-il (je reprends le terme), au-delà de votre expérience et de votre souci de le secourir ? Que suppose-t-il dont vous seriez, même à votre insu, le détenteur ? A profit de qui, de quoi, êtes-vous « transfiguré » ?

Pour répondre à ces questions nous devons diriger notre lanterne vers les deux pôles de la relation : le patient et l'agent. Concernant le malade il nous est difficile de préciser ce qu'il suppose, d'autant plus qu'il ne le conçoit pas toujours clairement lui-même. Son inconscient, nous l'avons vu, mobilise des pensées affectives qui s'imposent à lui. Par contre nous pouvons nous demander comment le médecin tire profit ou non de la situation. Dans la relation concrète, son souci est aux prises avec une succession de tâtonnements, de rectifications, d'abandon de certaines hypothèses, de nouvelles idées et de nouvelles tentatives. Les échanges avec le malade portent sur un vécu d'ici et maintenant ; ils évoluent dans une durée à la fois biologique et sociale. Selon la belle formule de Râzi, vieille de mille ans « Le médecin habite avec son patient dans le temps de la maladie ».

Cependant, nous l'avons vu, l'espérance de ce patient introduit dans la relation une autre dimension du temps : celle des possibilités indécises de l'avenir. Et c'est précisément dans cette perspective que va émerger le contre-transfert du praticien. Le contre-transfert s'origine d'une adhésion. En effet, s'il adhère, plus ou moins consciemment, à plusieurs des pensées confiantes, c'est-à-dire affectives de son malade, il en viendra à se poser ou à effleurer des questions dont nous pouvons formuler ici quelques variantes. Par exemple, n'est-il pas après tout possible pour ce malade, celui-là seulement, qu'il ait une rémission ? N'est-il pas possible qu'il parvienne à guérir ? Comme il est logicien, notre médecin peut d'ailleurs formuler autrement son interrogation : Quelle certitude ai-je, vu les aléas de la statistique, que ce soit vraiment impossible ? La part d'indécidable ne va-t-elle pas jouer en faveur de l'espérance du patient, c'est-à-dire (je pointe ici le glissement), en ma faveur ?

Vous le saisissez, de cet indéfini à une toute puissance, il n'y a qu'un pas. Cette part d'imaginaire est donc grosse d'idéalisation narcissique, voie ouverte vers la zone protégée du Soi grandiose. Vous allez dire que la sanction des faits va me rappeler à la raison. C'est exact. Pourtant, je peux estimer que les difficultés actuelles qui prouvent mes limites, par exemple un symptôme rebelle, céderont à l'avenir. Autrement dit, je puis reconnaître une limite et ne pas la juger vraiment significative. En ce cas je reporte la sanction de réalité. Je suis comparable au joueur d'échec qui perd deux ou trois pièces importantes, mais demeure convaincu de son ultime invincibilité. Tout ceci pour vous pointer les ressorts subtils qui peuvent entretenir ce que Freud situait non comme désir de réalité, ni délire, mais bien comme <u>illusion</u>. Elle mêle à la vérité des faits : la vérité du désir.

Vous remarquerez que ces deux niveaux ou registres de l'échange entre agent et patient correspondent bien à deux modes de notre rapport au pouvoir. En effet, lorsque nous élaborons avec le patient un bilan de réalité, notre savoir est reconnu partiel, voire insuffisant dans l'état actuel des connaissances. Donc notre pouvoir est limité. Mais lorsque nous sommes crédités d'un savoir supposé, précisément au-delà des insuffisances ou incomplétudes, notre pouvoir, s'il n'est pas affirmé sans bornes, n'en est pas moins situé dans un oubli, un suspens, un report des limites dont on remettra l'examen à plus tard.

Evidemment, cette adresse pathétique du malade à notre toute-puissance, nous touche en ce qu'elle évoque notre propre dépendance primaire. Qu'il y ait un Autre ou une Autre susceptible de toujours apaiser la souffrance, de protéger de tous les dangers, c'est la croyance fondamentale de notre enfance. Le patient nous assigne à une place substitutive de celle de la Mère Idéale ou du Père Idéal. Il nous investit de la figure du Thérapeute Idéalisé. Il nous convie au fond à partager avec lui un désir inhérent à la condition humaine : le désir d'immortalité.

Si nous cédons à cette invitation, nous allons entrer dans une croyance. Soit par exemple en celle des possibilités infimes de la science, soit en celle d'un hasard thérapeutique miraculeux qui devient alors une sorte de Destin ; soit plus subtilement, celle que toute prolongation d'action thérapeutique donnerait une chance à cette science ou à ce hasard. La Science et le Destin deviennent porteurs des valeurs de Parents Idéalisés, fondant l'omniprésence d'un savoir dont notre Soi grandiose est le bénéficiaire. La mort du patient vient briser une telle construction narcissique. Ce que l'on appelle couramment « le sentiment d'échec » du médecin est au fond une chute de l'illusion qui dilatait le Moi. Vous pouvez reprendre ici certaines distinctions abordées dans nos réunions précédentes. Le signe de la faute (négligence, manque d'intérêt, oubli ou erreur de jugement au cours du traitement) sera le remords ou la dépression. Le signe de la blessure narcissique sera la rage ou la honte et l'évitement. Ces notions peuvent nous aider à situer, dans la médecine contemporaine, les significations latentes des conduites de médecins ou d'infirmières, à l'occasion d'un décès.

Ajoutons qu'elles permettent de distinguer ce qui peut résulter, dans telle ou telle situation thérapeutique du narcissisme personnel du thérapeute et ce qui relève de sa participation au Narcissisme Collectif, moral, de la communauté des sciences médicales. Leur médiatisation, l'affirmation des progrès continus de la recherche et des interventions biotechniques, contribuent à superposer aux réalités difficiles des démarches scientifiques, un climat irrationnel d'espérance et un sentiment de grandeur.

Dans cette tentative collective de repousser les limites de la vie, la démarche des soins palliatifs, en ce qu'elle est un rappel à la raison, ne peut que rencontrer les grandes résistances qu'oppose la revendication narcissique à tout ce qui vient l'ébranler. Pourquoi cette résistance est-elle en fait collective autant qu'individuelle ? Certainement parce que l'angoisse de dommage narcissique est le talon d'Achille du lien social scientifique.

Il concerne tous ceux qui entrent dans une logique de sciences médicales. Vous remarquerez que le corps humain « normal » d'une santé parfaite et éternelle, est un corps symbolique, une intégrale de toutes les mesures statistiques de la population ou de l'espèce, considérées comme bonnes. Or, la démarche scientifique compare le corps dégradé qui m'insupporte en miroir à cette effigie parfaite. C'est vers elle que tend la lutte contre les maladies et la mort. Or, chaque décès vient rappeler à l'homme de science que cette effigie statistique, symbolique, n'a pas d'existence individuelle. Si elle demeure une construction purement hypothétique, de méthode, sa mise en question n'afflige pas le narcissisme. Mais si, inconsciemment, elle est devenue pour le praticien un objet de croyance, un but fixé à l'espérance de la médecine dont il est le représentant, il sera désemparé par la brèche qu'ouvre chaque mort concrète dans cette foi démesurée en la science. Sa défense contre sa propre finitude est entamée.

Arrêtons là, si vous le permettez, ces aperçus sur le contre-transfert en médecine. Je voulais simplement souligner sur quel versant libidinal il vous sollicite. Quels que soient vos sentiments à l'égard du malade, on ne peut sous estimer ici l'importance des enjeux du Narcissisme intellectuel et moral.

Je voudrais en venir à une seconde réflexion. On a souvent exprimé le fait que le transfert avait quelque chose d'impur. Il dérangeait, il encombrait la démarche thérapeutique qui devrait être rationnelle, logique de bout en bout. Je cherche à vous présenter les choses sous un autre angle. C'est simplement prendre en compte une réalité qui n'est pas toujours appréciée à sa juste valeur. L'être humain en désarroi aspire-t-il d'abord à des certitudes établies par la raison ? Ou cherche-t-il une certitude plus fondamentale, à savoir qu'il y ait un Autre, n'importe quel autre être parlant, pour le secourir ? Ainsi, le transfert aurait partie liée avec l'espérance. Faudrait-il donc regretter que le patient, renouant avec les anciennes détresses de son existence, nous assigne à une place lui permettant de focaliser son espoir ? Ou devons nous accepter cette condition momentanée grâce à laquelle il pare à l'angoisse de disparition par l'élan de l'amour. Car s'il est vrai que les passions du transfert se trompent de destinataire, l'angoisse ici ne trompe personne. La mort nous concerne tous.

Cette remarque introduit la question qui intéresse autant la psychanalyse qu'elle hante votre pratique quotidienne. Lacan disait du psychanalyste qu'il doit se cadavériser au point de pressentifier la Mort. Pour le patient, pour vous-même, cette Mort est proche. Personne ne connaît son heure et ne saurait la prédire. Toutefois, comme l'écrivait un poète arabe « on sait qu'elle attend, assise non loin de là ». Lorsque le patient, éprouvant les progrès de son mal, se tourne vers les constructions imaginaires qu'il avait admises, il peut osciller entre deux mouvements de pensée. L'une l'invite à prendre en compte les limites du pouvoir médical telles que les impose la réalité. L'autre lui affirme qu'il peut décider de n'en rien savoir. Cette seconde attitude est bien entendu propice au maintien des illusions du transfert. Le conflit entre les deux représentations auxquelles s'accroche son être empêche toutefois que le transfert ait le caractère passionné, voire massif qu'il pouvait présenter auparavant. On pourrait alors assister à des alternances de confiance et de défiance, voire d'agressivité à l'égard du médecin. Quelle est la seule arme dont dispose celui-ci pour éviter un renversement plus décisif, et maintenir une relation de confiance ? Cette seule arme est la vérité.

Entendons nous. Je ne veux pas indiquer par-là quelque vérité sur son état asséné in extremis au patient par le représentant du savoir médical. Je veux dire que sa seule arme est d'avoir été véridique tout au long de la relation thérapeutique. De ne lui avoir jamais menti. Plus précisément de ne pas s'être constitué partie prenante des illusions le concernant. Un médecin peut parfaitement reconnaître l'estime où le tient son patient, et lui affirmer qu'il fera son possible pour lui venir en aide, tant en lui rappelant que toute aide humaine, y compris la sienne, a des moyens limités. Le malade, direz-vous, sait être sourd à ces propos. L'essentiel, au moment qui nous occupe, n'est pas qu'il les ait acceptés, mais bien qu'ils aient été dits. C'est cette parole authentique dont le médecin pourra se prévaloir.

Pourquoi ne pas le dire ? Ce que nous avons évoqué jusqu'ici à propos du transfert et du contre-transfert peut vous paraître insatisfaisant. Vous pouvez objecter que la relation médecin-malade n'est pas toujours aussi exempte de déficit verbal. Le progrès de la maladie, la fatigue des phases pré-terminales ou terminales, les dispositions régressives du patient, vous font traverser des moments relationnels plus obscurs, plus déconcertants que ceux où le patient vous témoigne de son estime, de sa méfiance ou de ses autres mouvements affectifs. Vous avez raison. Aussi allons-nous faire un détour du côté de Michael Balint. Je pense que vous avez tous entendu parler de ce psychanalyste hongrois, élève de Férenczi, exilé en Angleterre. Il s'illustra par la création de groupes de médecins généralistes, qui aujourd'hui encore portent son nom.

Nous allons nous intéresser à une hypothèse de Balint. Elle consiste à penser que la maladie, même très grave, même menacée par la mort, constitue une forme de vie. Vie douloureuse, bien particulière, bien angoissante direz-vous. Sans aucun doute. Cependant, elle reprend les vestiges d'une expérience précoce, celle d'un marasme dû aux crises à la fois externes et internes qui accompagnent le développement du tout jeune enfant tant sur le plan biologique que psychologique. Balint dit de cette expérience qu'elle a constitué la « maladie fondamentale » du nourrisson. Tous les états pathologiques des années ultérieures, toutes les maladies cliniques, entreront en résonance avec cette première expérience d'un défaut fondamental d'adaptation à la vie et à l'environnement. Je soulignerai en passant que cette position du psychanalyste hongrois n'est pas sans évoquer une régression de phase qui serait spécifique des états maladifs. Mais ceci n'est qu'une idée méritant examen. Revenons à notre auteur. Il remarque que le lien entre maladie fondamentale et maladie actuelle a un intérêt clinique. C'est, écrit-il, « une hypothèse de travail pour comprendre les processus qui se déroulent chez le patient pendant qu'il est seul avec sa maladie ».

Pour comprendre la portée de cette expression, il nous faut évoquer rapidement les idées de Balint concernant les premiers mois d'existence du jeune humain.

Au départ la mère et l'enfant ressentent le partenaire de l'unité duelle, de la co-vivance, selon l'expression de Françoise Dolto, comme une partie de leur propre corps. La mère, parce qu'elle vient de porter le bébé. Celui-ci parce que la prématuration de l'espèce, sa non maîtrise du système locomoteur l'empêche d'éprouver les limites de son corps.

Chacun des deux pôles de la relation duelle est donc soumis à une identité de plaisir ou de déplaisir. Ce qui est bon pour toi l'est pour moi. Mais les tensions physiologiques du nourrisson, les préoccupations de la mère, vont peu à peu mettre à mal l'ajustement parfait dans lequel semblait s'instaurer la co-vivance. Ainsi s'ouvre l'expérience d'inadéquation, l'entrée dans une époque psychique de marasmes, de déceptions et de lutte contre l'angoisse. L'enfant va devoir créer des éléments nouveaux de satisfaction pour compenser les déficits, les pertes d'ajustement de l'unité duelle originaire. Balint appelle « zone de création » cet effort psychique du tout jeune enfant pour tirer de lui-même, de ses moyens mnésiques et pulsionnels propres, des pré-objets pouvant lui procurer sécurité et plaisir. Ils sont mi-crées, mi-réels ; ce sont les fameux objets transitionnels que reprendra la théorie analytique, et spécialement Winnicott.

Ainsi dit Balint, avant la prise en compte du tiers paternel, le petit humain se développe dans une alternance de situation à deux personnes et situation à une personne. Dans la première alternative il trouve son apaisement par l'activité maternelle. Dans la seconde il l'invente par sa créativité hallucinatoire, imaginaire.

Abordons maintenant la manière dont Balint transpose ces données du vécu postnatal dans la situation de maladie, telle que l'étudient les médecins réunis autour de lui.

Voici les axes principaux de sa pensée :

Les pré-objets présents dans la zone de création sont tellement primitifs qu'on ne peut pas les considérer comme organisés. Peu à peu ils le deviendront et entreront en correspondance avec des objets externes, verbalisés et indiqués par la mère ou le père. Or, cette formulation générale correspond à ce qu'il faut appeler la « période inorganisée de la maladie ». Au début, le malade est dans une « situation à une seule personne », il ne se sent « pas bien ». Il se retire plus ou moins de son environnement, préoccupé narcissiquement. Il reste dans cet état plus ou moins longtemps, en fonction de sa personnalité, avant de prendre la décision de consulter, c'est-à-dire d'entrer dans une relation à deux ou trois personnes. Balint remarque qu'avant même d'entreprendre cet appel à l'autre, et quelquefois très tard, ou trop tard, le malade a déjà créé quelque chose d'une forme de vie avec sa maladie. On parle parfois de résistance à se rendre chez le médecin. Pour Balint, cela ne signifie pas l'essentiel. Il s'agit d'un arbitrage inconscient entre la pulsion de mort, le narcissisme, puis une déflexion vers l'extérieur. Seulement alors la maladie cessera d'être un pré-objet de la zone de création pour devenir un objet externe, intersubjectif, identifiable par la perception et le savoir, c'est-à-dire « organisé ».

Second thème de Balint : l'entrée dans la maladie médicalisée, constitue le début d'une période de réadaptation à une nouvelle forme de vie, non seulement bio médicale, mais relationnelle, affective, émotionnelle. Elle constitue également une réévaluation narcissique. Ce qu'on appelle ordinairement « les bénéfices secondaires de la maladie » se situent presque toujours dans une perspective où la légitimité d'être aimé, considéré, plaint ou apprécié, l'emporte sur le mouvement portant à aimer, à se soucier d'autrui, à garder les charges qu'impose l'investissement libidinal des objets habituels : familiaux ou professionnels. Ceci est patent dans certains comportements revendicatifs ou égoïstes, mais peut-être aussi repéré dans les conduites d'évitement, de retard, de fuite.

Un point doit attirer ici notre attention. Que se passe-t-il si cette réévaluation narcissique n'est pas confortée par l'entourage, qu'il soit familial ou soignant ? Et bien, note Balint, à partir des observations des médecins réunis en groupe, le malade a une attitude comparable à celles des patients en analyse dans une situation analogue. Il s'enferme dans le silence. Mais il ne s'agit pas vraiment d'une simple opposition. En réalité, le malade fuit dans le silence. Que fuit-il ? Quelque chose qui dans l'expérience actuelle lui rappelle l'expérience du défaut fondamental. Il fuit vers une nouvelle solitude pour y chercher de nouvelles créations, de nouveaux pré-objets de satisfaction. Les régressions trouvent là leur point de départ.

Arrivés à ce point marquons, si vous le permettez, un temps d'arrêt. Freud a souligné ce que chacun reconnaît aisément : la maladie entraîne un retrait de la libido au profit du narcissisme.

Ce constat, au-delà de la description, nous renvoie au lien entre narcissisme et pulsion de mort. Au fond, la survalorisation narcissique s'accompagne d'une élaboration, d'un mauvais objet extérieur à détruire. Mais ce travail psychique suppose la certitude d'être aimable, faute de quoi l'angoisse d'abandon, de séparation, de perte, surgit. La situation de détresse fondamentale est réactivée par une situation de détresse présente. La constitution d'objets d'amour ou d'agression est en fait une tentative de sortie de ce marasme baigné d'impuissance. Nous devons donc nous intéresser à la régression d'un malade dans une double perspective. Si nous n'y voyons qu'une descente vers l'apathie et le désinvestissement de l'entourage, nous risquons de faire sentir au malade une sorte d'abandon. Mais nous y opposer ne sert à rien. Par contre, si nous y décelons une tentative de création de nouveaux objets pour des satisfactions plus compatibles avec son état, bref, si nous la détectons comme retour à un processus primaire de création, nous pouvons nous poser la question suivante : <u>à quelle nouvelle forme de vie psychique et sociale ce malade tente-t-il d'atteindre ?</u> C'est alors notre propre neutralité et notre propre disponibilité à un changement de qualité de la relation soignant-soigné, qui sont ici souhaitables. Souvent les proches d'un malade demandent « que faire devant une régression ? » Je proposerai pour discussion tout à l'heure, une formule un peu lapidaire, mais dont vous sentirez les implications. Que faire? Sans doute rien, sinon apprendre. Apprendre avant de réagir.

Le malade n'a peut être plus besoin de nous « comme avant », mais il attend sans doute quelque chose de nous « autrement ». Et nous ne pouvons le pressentir qu'à être ouvert aux modifications transférentielles, positives ou négatives dont nous ressentons les impacts.

En ce qui concerne les malades en fin de vie, ces approches psychanalytiques trouvent une correspondance phénoménologique dans les phases entremêlées ou successives qu'a décrites Elisabeth Kübler Ross au long de son ouvrage *Les derniers instants de la vie*[18]. Vous les connaissez bien : refus et isolement, irritation, marchandage, dépression, acceptation. Mais nous aurions tort d'y voir des sortes d'états psychiques en soi. Tout le témoignage d'Elisabeth Kübler Ross montre qu'il s'agit de situations « à une seule personne », « à deux personnes » ou « à trois personnes et plus », pour reprendre les expressions de Balint. Et l'itinéraire psychique du grand malade y est inséparable de la présence tantôt ignorée, tantôt demandée, tantôt refusée, du médecin ou du soignant.

Evidemment lorsque le patient se replie en lui-même pour être « seul avec sa maladie », c'est-à-dire dans un état où son narcissisme accapare presque totalement sa libido, un soignant ou un proche non averti peut penser que ce patient ne veut plus de lui ou n'a plus besoin de lui. Ce qui est vrai partiellement. Il n'est plus investi <u>en tant qu'objet</u> par son malade. Mais sa présence et sa sollicitude gardent une double importance. D'abord cette présence, même intermittente, est sans aucun doute favorable au travail intérieur de re-création. Nous le savons bien pour les bébés. Nous avons aussi les témoignages de nombreux artistes. Picasso disait : « Pour peindre seul dans mon atelier, j'ai besoin qu'il y ait une présence féminine dans la pièce d'à côté ». Surtout cette présence comme disponibilité et réponse va s'avérer indispensable à l'instant de la sortie d'une situation à une personne pour le retour à une nouvelle situation à deux personnes. Si le malade ne peut trouver l'autre de la relation à ce moment, il se sentira abandonné et frappé d'une blessure narcissique, puisque ce qu'il a voulu créer de

---

[18] E.Kübler-Ross, « Les derniers instants de la vie », Ed Labor et Fides, Genève.

relationnel à travers sa souffrance s'est avéré un effort sans espoir. Or, ce qui s'oppose à la force du bien social, désirant et invoquant l'autre, c'est selon l'expression de Serge Leclaire « cette non force », cette instance de dissolution qu'est la pulsion de mort. En échouant à trouver une ultime forme de vie psychique imaginaire et symbolique, la maladie devient alors pour le sujet la forme même, anticipée, de sa destruction.

Je vous laisse réfléchir à ce que les apports de Michael Balint peuvent éclairer. Ils complètent ce que nous avons abordé à propos du transfert. Lorsque vous vous trouverez confrontés à des situations extrêmes, j'espère qu'ils faciliteront votre tâche.

VI

LE MALADE, SUJET DÉSIRANT

« *Qui triomphe donc ici ? Clairement, c'est le désir... Le Désir dont la place est aux côtés des grandes lois, parmi les maîtres de ce monde* »

Sophocle
Antigone

Au cours de nos entretiens précédents, nous avons abordé différents aspects de la vie psychique en essayant de dégager des processus où l'inconscient joue un rôle déterminant. Bien entendu ni la souffrance, ni la culpabilité, ni l'angoisse, la régression ou le transfert ne suffisent à rendre compte des activités qui se déroulent à notre insu. Simplement ces thèmes ont été privilégiés parce que vous êtes confrontés à des situations cliniques dans lesquelles ils se manifestent particulièrement. Vous avez pu remarquer toutefois qu'ils mettent tous en question le rapport du malade, de ses proches ou de ses soignants, avec ce qui est repérable et que l'on appelle une maladie. Cependant, dans l'objectivation des pathologies, l'observation des symptômes ou des attitudes du malade, nous évoquons tacitement une réalité centrale : la subjectivité de chacun.

On entend fréquemment dans le milieu des soins palliatifs ce rappel : le malade est un sujet. Aussi notre travail d'aujourd'hui va t-il s'orienter vers cette affirmation. Soit dit en passant, telle qu'on la répète, elle revêt souvent une connotation éthique.

Donc « le malade est un sujet ». Permettez moi de poser devant vous la question suivante : que cela veut-il dire au juste ? Quand nous échangeons une information objective, telle qu'un nombre d'hématies par exemple, nous sommes tous d'accord sur la signification du résultat. Lorsque nous parlons de sujet, sommes-nous d'accord sur une conception claire où le terme représente pour chacune la même réalité ? Par exemple, si je dis : M. Duval est sujet, cela peut vouloir indiquer qu'au niveau grammatical M. Duval est ici le sujet de ma proposition. Mais l'objet de cette même proposition c'est le mot de « sujet ». Est-ce bien ce que je voulais souligner ? Ou voulais-je signifier autre chose ? Par exemple qu'il est un drôle de sujet, c'est-à-dire un sacré type ? Ou bien je peux témoigner qu'il est un sujet de discorde au sein du service ? Pire encore, je pourrais énoncer que cette question du sujet est pour moi un sujet de plaisanterie ?

Je ne pousserai pas plus loin le paradoxe. D'ores et déjà il vous laisse entrevoir ceci. Le statut subjectif de l'être humain n'est pas aussi aisé à définir qu'il y paraît au premier abord.

Nous allons donc tenter de comprendre comment cette fameuse notion de sujet s'est développée, modifiée au fil du temps. Comment les textes, les usages témoignent d'une évolution dont nous sommes les héritiers ?

Imaginons que nous ayons connu notre malade dans un hôtel-dieu ou une maladrerie du XIIe siècle. Nous aurions pu dire : « c'est un sujet ». Alors la religieuse occupée aux soins aurait opiné de la cornette, mais pour d'autres raisons que les nôtres aujourd'hui. Elle aurait entendu, selon la prononciation d'alors, qu'il était un « subject », vestige linguistique du latin « subjectum ». Et cela aurait signifié pour notre religieuse que le malade demeurait en ces lieux, et selon la formule de l'ancien droit romain, un « soumis ». Plus précisément, « soumis à une autorité souveraine ». Que ce fut celle de l'évêque ou du seigneur féodal du coin ne changeait rien à l'affaire. Le patient était en leur « sujétion ». Que retenir de cette histoire ? Eh bien, ceci. Au Moyen Age, la langue véhiculait une conception essentiellement politique et juridique de la fonction de « sujet ». Dans notre aire culturelle, ce fut la première acception du terme. Aujourd'hui nous en avons retenu une notion qui vous est familière, celle du sujet de droit.

Supposons maintenant que nous soyons réunis autour d'un autre malade, deux siècles plus tard. C'est l'époque de la peste noire. En nous inquiétant pour son état, nous utiliserons une distinction qui s'est imposée grâce au philosophe scolastique Oresme. Nous reconnaîtrons qu'il est soumis à l'autorité de l'évêque ou du seigneur local. Nous dirons aussi qu'il est « subject » relativement à un « objet ». Du latin « objectum » qui veut dire littéralement, ce qui est « là-devant ». Ce qui est là-devant, les symptômes de la maladie, l'affectent en tant que sujet. Nous-mêmes d'ailleurs sommes assujettis à ce que perçoivent nos sens, sa fièvre, sa pâleur, le gonflement de son ventre, etc. Bref, une autre conception du sujet s'est faite jour, celui qui est assujetti à ses perceptions. A ce titre nous devenons des sujets de la connaissance. Au XIVe siècle, il s'agit d'un savoir qui vient des observations naturelles. La connaissance dont nous serons les sujets sera celle de la médecine descriptive de l'époque.

Cependant notre malade lui aussi est le sujet de ses perceptions. Et nous sommes pour lui des objets. Nous pouvons par exemple être des objets de curiosité ou d'inquiétude s'il remarque nos visages soucieux. Ainsi, dans l'échange des soins nous sommes l'un pour l'autre autant des objets que des sujets. Cela tient au fait que la perception d'autrui, aujourd'hui comme hier, se déploie dans un dispositif en miroir. Comment dès lors privilégier une orientation plutôt qu'une autre ? Comment éviter que l'autre et nous même soyons des objets et sujets confondus ? La relation sujet-objet va-t-elle s'éterniser dans la confusion du miroir ?

Il faut, pour clarifier cela, une autre élaboration du concept de sujet. Elle tient au langage. Mais il faudra pour qu'elle s'impose comme règle de l'esprit, un nouvel effort. Ce n'est que vers le XVIe siècle que l'importance de la grammaire deviendra un grand thème de réflexion. Port Royal en deviendra un haut lieu.

La grammaire française, reprise du latin, consacre une définition tellement habituelle que nous en remarquons peu les implications. Elle impose, dans toute proposition, une place pour le sujet et une place pour l'objet. Je ne puis confondre les deux dans l'instant parce que le discours a son temps propre. Il faut du temps pour dire une phrase, si bien que les places logiques de sujet et d'objet sont aussi des places ordonnées dans la durée. Lorsque je dis à un malade : « je vous trouve meilleure mine », la phrase me situe, en tant que sujet de l'énoncé, à l'origine d'une appréciation qui sera formulée quelques secondes plus tard. Mais si je lui dis : « vous avez demandé à me voir », j'indique d'entrée de jeu qu'il est à la place du sujet d'une demande dont je suis l'objet. Même lorsque nous nous exprimons au passé ou au futur, la compréhension de la phrase exige un vecteur temporel situant en deux moments distincts les places dites de sujet ou d'objet. Et dans une forme réflexive telle que « je me sens en forme ce matin », le moi corporel ou mental représenté par le terme « me » ne peut apparaître comme objet d'appréciation en même temps que le « je » qui l'apprécie.

J'arrête là mes digressions grammaticales. Elles n'avaient qu'un objet. Mettre en évidence, autrement dit rappeler à votre esprit la différence irréductible existant entre ce qui se joue dans le champ des images perçues et dans le champ de la parole. C'est dans le registre du langage que le temps où je vous prends comme objet de ma connaissance et celui où vous vous définissez comme sujets en relation avec mon image, c'est-à-dire, votre objet ; c'est bien grâce au langage que ces deux moments orientent de façon différente notre vis à vis. A l'instant de l'espace perçu, s'oppose la durée du discours.

Revenons, si vous le permettez, au développement de la notion de sujet dans notre culture. Nous voici arrivés au XVIIe siècle. A cette époque s'est affirmée de façon courante une triple élaboration du monde subjectif. Tantôt il s'agit du sujet politique subordonné au fait du prince ou au droit en vigueur. Tantôt il s'agit du sujet de la connaissance, qui préoccupe Locke dans son *Essai sur l'entendement humain*. Tantôt il est question du sujet grammatical et de son usage dans la langue.

Cependant les choses ne s'arrêteront pas là. Deux réflexions vont encore enrichir et élargir les enjeux de ce que nous pouvons appeler la fonction subjective.

Tout d'abord une innovation, dans ce même XVIIe siècle, met en question le sujet de la connaissance. Nous la devons à Descartes. A quels objets de savoir sommes-nous en général assujettis ? A ceux dont les qualités affectent nos sens. Descartes va créer un nouvel objet. Je pressens votre inquiétude. Vous vous dites « en quoi les idées de Descartes concernent-elles notre activité clinique ? » Eh bien précisément, dans une lettre à la Princesse Palatine il fait état de prévisions qui ne sont pas étrangères à votre situation. Il écrit à la Princesse que cette nouvelle forme de savoir, avec sa méthode et son objet différent, révolutionnera un jour la médecine. Et il ajoute que pour le temps qu'il lui reste à vivre c'est aux applications en médecine qu'il va consacrer l'essentiel de ses efforts. Nous verrons tout à l'heure que depuis la médecine descriptive de son temps jusqu'aux sciences bio-médicales d'aujourd'hui, la prédiction de Descartes s'est pour une grande part réalisée. Quel est donc ce nouvel objet de connaissance auquel notre penseur veut assujettir l'esprit ? Je cite : « j'ai considéré premièrement toutes les notions claires et distinctes que nous pouvons avoir touchant les choses matérielles, et que n'en ayant point trouvé d'autres, sinon celles que nous avons des figures, des grandeurs, des mouvements, et des règles suivant lesquelles toutes trois peuvent être diversifiées l'une par l'autre... j'ai jugé que toute la connaissance que les hommes peuvent avoir de la nature fut tirée de cela seul ». Descartes ajoute : « toutes les autres notions que nous pouvons avoir des choses sensibles, étant confuses et obscures, ne peuvent servir à nous donner la connaissance d'aucune chose hors de nous, mais plutôt la peuvent empêcher », *Principes de la Philosophie*. Ainsi, l'objet propre de la science se définit par la mesure des figures, grandeurs ou mouvements des choses. Il exclut leurs qualités apparentes telles que couleur, odeur, perçu tactile etc.

Vous avez tous appris cela. Vous avez peut-être moins remarqué qu'à cet objet scientifique correspond une nouvelle conception du sujet. Aujourd'hui, le sujet de la science court les laboratoires, tandis que le sujet de la connaissance naturelle court les rues. La distinction opérée par Descartes a produit ce qui domine notre époque. Vous-même êtes assujettis à l'idéal de certitude, pour ne pas dire parfois, à une idéologie de l'exactitude. Un lien social spécifique s'est forgé entre ceux qui sont assujettis aux règles de l'objectivation. C'est ce lien particulier que Lacan a nommé *Discours de la Science*. Cette sujétion à l'objectivité du mesurable est devenue si décisive qu'elle a des effets dans l'ordre politique. L'une des obligations de votre code de déontologie stipule que vous devez à votre patient « les moyens habituels de la science dans son état ». Essayez donc de ne pas être un sujet de la science et de dire à propos d'un malade « sa pression artérielle qu'est-ce que cela peut faire ? », ou bien « son taux de cholestérol je l'ignore et je m'en moque ». Tentez d'apporter à une question d'internat quelque réponse puisée dans les seules observations d'Hippocrate, de Galien, de Razi ou de Paracelse, vous ferez alors la preuve d'un grand nombre de connaissances descriptives dont vous êtes le sujet, mais cela ne suffira pas. Votre copie sera considérée comme hors de propos. Bref, ne vous étant pas assujetti aux nouveaux objets mesurables d'une science médicale mais seulement aux anciens objets de l'observation naturelle, vous serez viré.

Ainsi va le monde des techno-sciences. Chacun doit lui apporter sa contribution en exactitude et en certitude, ou il en est exclu. Certes, dans le domaine médical une certaine tolérance est nécessaire, car le débat n'est pas clos pour décider si la médecine est seulement une science ou si elle inclut aussi ce que l'on appelle un art. Mais en voilà assez pour ces deux aspects du sujet connaissant, dans sa dépendance à « ce qui est là-devant ». Sa position diffère selon que cette réalité l'affecte comme donnée perçue qualitativement ou comme donnée de mesures.

Puisque vous avez eu la patience de me suivre jusqu'ici, nous allons aborder une autre réforme dans la conception du fait subjectif. Il s'agit cette fois du sujet en tant qu'être parlant. Cette réforme date du début du XXe siècle. C'est Ferdinand de Saussure qui l'a imposée depuis Genève dans son cours de Linguistique Générale. Vous allez voir qu'elle est aussi utile à la psychanalyse qu'à votre relation aux grands malades.

Que nous dit Saussure ? Il remarque que le sujet parlant doit souscrire à une double condition. D'une part il est le sujet d'un énoncé. D'autre part il est le sujet d'une énonciation. Par exemple, m'adressant à vous, je construis la phrase suivante : « j'espère que vous m'entendez du fond de la salle ? » Le « je » du verbe espérer est bien le sujet de mon énoncé qui s'avère grammaticalement correct et compréhensible par vous tous. Cependant, je suis aussi l'agent, l'acteur, qui profère cet énoncé. Pourquoi, à ce moment là, avec quelle force dans la voix, sous quelle impulsion ai-je interrompu mon exposé, en vous lançant cette question ? Vous le comprenez, nous sommes renvoyés ici à une autre dimension de la parole. Il s'agit de l'acte même de mon énonciation. J'y suis assujetti. Il s'est imposé à Moi en raison de certaines circonstances.

Chaque fois, note Saussure, qu'un être humain adresse un message à un destinataire, il se trouve dans une double position. Nous devons reconnaître qu'il est le sujet d'une énonciation en même temps qu'il se situe comme sujet d'un énoncé. Et si les énoncés obéissent aux lois intemporelles du langage, les énonciations, elles, dépendent d'une parole vivante jaillissant ici et maintenant. Il nous faut dès lors admettre que les émotions ou intentions signifiées par le sujet de l'acte d'énonciation diffèrent du sens strict de la phrase telle qu'elle est soutenue par le sujet de l'énoncé.

Cette nouvelle distinction apportée par la linguistique dans la fonction de sujet vous semble peut être un peu abstraite. Vous seriez en droit de me dire que c'est là une pensée fort intéressante, moins confuse qu'on aurait pu le craindre, mais après tout fort éloignée de vos préoccupations. Et pourtant vous vivez tout cela quotidiennement dans la clinique. Vous entrez dans une chambre, le malade vous dit « ah!, docteur, je sais que je dois mourir ». Au niveau de l'énoncé le sens de la phrase est, si j'ose dire, intemporel. Chacun de nous sait qu'il est mortel et que l'avenir n'appartient à personne. Au niveau du sujet de l'énonciation l'affaire est toute autre. Il s'agit d'un événement singulier, momentané, par lequel le patient s'adresse à vous. Pourquoi ce matin là ? Quelle impulsion l'a poussé à vous saluer ainsi dès votre entrée dans la chambre ? Bref, à quelle puissance émotionnelle a-t-il été soumis dans son passage à l'acte ?....Vous pressentez bien qu'en tant que sujet de l'énonciation, le malade vous a interpellé par une prise de parole dont la signification débordait le sens strict de son énoncé. Vous vous trouvez dès lors soucieux d'éviter une méprise. L'énoncé est-il aussi important qu'il semble l'être quand on l'entend ? Ou le plus important tient-il à ce qu'il vous ait été adressé pour décharger une angoisse, une incertitude, un sentiment d'abandon ou un désir de reconnaissance ? Et pourquoi ? Bref, vous voyez où cela nous entraîne. A quel sujet allez-vous, en retour, vous adresser ?

Je disais tout à l'heure que le cours de Ferdinand de Saussure intéressait la pratique psychanalytique. Nous verrons comment. Pour l'instant achevons notre évocation de ce que recouvre la notion de sujet. Au début de ce siècle commence, parallèlement aux efforts de la linguistique, l'aventure Freudienne. Dans toutes les élaborations dont j'ai esquissé les moments fondateurs, vous remarquerez que le terme de « sujet » correspond à différentes situations politiques ou de savoir et de science ou d'échange verbal. Ces situations sont liées au fait que l'être humain doit s'adapter aux objets de son environnement, aux manifestations de ses organes et au langage d'une communauté sociale. Il serait donc plus conforme à la réalité de dire qu'il assume dans un ensemble de circonstances différents exercices de sa fonction subjective. Toutefois, les développements de la notion de sujet s'étaient orientés vers des domaines où cette fonction appartenait à la vie perceptive consciente.

Ici surgit Freud. Sa découverte implique que la fonction subjective s'exerce aussi à l'insu de notre conscience. Comment définir ce nouvel aspect de notre subjectivité ? Quels sont son statut et sa relation aux différents aspects du sujet évoqués précédemment ? Bref c'est ce que nous allons maintenant chercher à comprendre.

Pour aborder notre tâche, je vais vous proposer une question qui peut paraître incongrue. Où est donc le sujet ? Où se tient-il ? Chacun d'entre nous a pu faire une expérience comparable à celle que relate Lacan dans son séminaire *Les Quatre Concepts*

Fondamentaux de la Psychanalyse[19] : Vous dormez. Quelqu'un frappe à la porte de votre chambre. Avec ces bruits vous formez un rêve. Par exemple vous êtes en train de courir et votre cœur bat sourdement dans votre poitrine. Le paysage défile avec des arbres au bord du chemin. Puis les bruits de coups à la porte parviennent non plus à votre seule perception mais à votre conscience, c'est-à-dire que votre conscience se reconstitue autour de cette représentation sonore. Vous êtes désorienté, sonné. Vous réalisez les détails du bruit en ouvrant l'œil. Vous apercevez les rideaux qui dessinent une vague lueur, oui vous êtes dans votre chambre. Voici l'armoire, le tableau sur le mur. Bref, votre réveil se confirme en même temps que vous vous accrochez aux images, aux bruits, de cet univers familier. Vous êtes le sujet conscient des représentations liées à vos perceptions. Le surgissement de la réalité qui se présente est indissociable de ce que vous appelez votre représentation maintenant éveillée.

A bien y réfléchir, ce réveil a constitué une sorte de béance. Quelques secondes avant, qui étiez-vous ? Vous étiez le sujet d'autres représentations, celles du rêve où vous couriez sur un chemin de campagne. Etes-vous plus véridiquement celui qui se situe au milieu des images de la chambre, ou n'étiez-vous pas aussi véritablement celui qui entendait les battements de son cœur dans la course du songe ? Etiez-vous plus ou moins bien assujetti à vos représentations dans un cas que dans l'autre ?

Au XVIIe siècle vivait en Irlande un évêque anglican. Comme son diocèse était en grande partie peuplé de catholiques, il ne jugeait pas inutile de s'intéresser à leurs conditions d'existence et à leurs âmes. Bref, c'était un évêque original. C'était également un philosophe connu, grand lecteur de Locke, de

---

[19] J. LACAN, 1973, « Les Quatre Concepts Fondamentaux de la Psychanalyse », Ed Seuil.

Descartes et de Newton. Il s'appelait Berkeley. L'une de ses thèses principales affirme ceci : « rien du monde qui nous entoure ne nous apparaît autrement que dans nos représentations ». C'est une position philosophique très solide. Les récentes études de la phénoménologie montrent par ailleurs que les perceptions sont à situer hors du Moi, sur chacun des objets appréhendés. Elles y trouvent leur modalité. Cependant, nous sommes ainsi faits, pauvres humains, que nous avons la certitude que ces perceptions sont bien les nôtres puisque nos représentations nous appartiennent. Merleau Ponty appelait cela la foi perceptive. L'homme éveillé, évoqué à l'instant, avait bien la conviction qu'il percevait sa chambre. Il en était bel et bien le sujet. Mais qu'en était-il alors, juste avant la béance du réveil, des représentations de son rêve ? Il s'avérait également persuadé d'être le sujet de cette perception, d'un chemin sur lequel il courait, comme de celle des bruits que faisait son cœur.

Où cela nous mène-t-il ? Eh bien, précisément à la déduction de Freud. Puisque notre connaissance s'établit dans deux champs de représentations, tantôt grâce aux scénarios de la vie éveillée, tantôt grâce aux scènes du rêve, il nous faut admettre ceci : le sujet des pensées, des connaissances, ce sujet est divisé. A première vue, cette division pourrait paraître inquiétante. Elle réactualise la question posée par Descartes. Qu'est-ce qui est vrai ? Les représentations du monde dans la journée ou les représentations du monde du rêve ? Quand suis-je le sujet d'une vision réaliste et quand suis-je le sujet d'une illusion ?

Nous verrons tout à l'heure la réponse qui peut être apportée à cette difficulté. En attendant, abordons d'autres situations où se manifeste la division du sujet. L'inconscient peut-il nous proposer des images acoustiques et non plus visuelles ? Cela arrive dans le rêve. Mais ce n'est pas le seul cas. Vous le savez, Freud s'est beaucoup intéressé au mot d'esprit. Certains d'entre vous ont peut-être en mémoire l'histoire suivante : quelqu'un parle d'un ami de la famille dont on fait grand cas. En effet, cet homme extrêmement riche honore souvent le modeste foyer de ses visites. Evoquant cette relation importante, le narrateur s'apprête à dire de lui : c'est ami est millionnaire. A sa grande surprise il énonce : c'est un famillionnaire. La représentation consciente qu'il s'apprêtait à verbaliser avait signifié la chance qu'il ressentait en faisant état d'une telle relation. Cependant, une pensée refoulée, une représentation inconsciente s'est imposée, laissant à entendre que ce millionnaire était familier. Familier en quel sens ? Le mot d'esprit permettait à une représentation inavouée de franchir la censure et d'exprimer l'agacement devant un ami qui devenait trop familier. Là encore vous pouvez remarquer la division du sujet. L'instant du lapsus est comparable à celui du réveil. Il y a une béance d'une seconde où l'assujettissement du narrateur à des pensées refoulées évince son assujettissement aux pensées mondaines que sa conscience lui présentait.

Une autre manifestation de la division subjective est l'acte manqué. Vous décidez par exemple de parler un instant à un malade. Vous vous représentez instinctivement son visage, son appareil de perfusion, sa chambre, la porte bleu ciel. Vous longez le couloir... Et vous oubliez sa porte pour vous rendre chez la surveillante... La représentation inconsciente, une discussion avec celle-ci, a déclenché un acte substitutif à celui de la visite au malade. Là encore vous avez été sujet d'abord à une pensée éveillée, puis déjoué par assujettissement fugace à un tableau inconscient.

Nous n'allons pas nous attarder davantage sur d'autres exemples de ce genre. Outre les nombreuses descriptions que vous pouvez en lire dans les œuvres de Freud, ils sont devenus habituels pour chacun d'entre nous. Mais ils nous permettent de revenir à la question posée précédemment. Dans les deux positions où elle s'exerce, quand notre fonction subjective est-elle en relation avec de véritables objets ? La réponse de la psychanalyse est que les pensées inconscientes ont autant de réalité que les pensées conscientes. Cependant leurs objets psychiques diffèrent. Dans la vie éveillée les objets sont perçus en fonction de notre adaptation à l'environnement. Dans l'inconscient ces objets ne se présentent qu'à titre de désirables. Ou, si vous préférez cette formule, les faits psychiques conscients sont des faits de situation dans la réalité. Les faits psychiques inconscients sont seulement et uniquement des faits de désir. Désir étant à entendre comme expression de la libido, c'est-à-dire de la sexualité au sens large que Freud lui a donné. Avec le scandale qu'à l'époque il a suscité.

Dans le rêve cité tout à l'heure, la libido narcissique du sujet tend à prolonger son sommeil. La transposition de représentation du bruit satisfait à ce désir, et le rêveur s'éloigne, le long du chemin, de l'instant du réveil. Dans le lapsus du « famillionnaire » le sujet de l'inconscient manifeste le désir inavoué du maître de maison de régler un compte avec celui dont il supporte mal la fatuité et dont il envie la fortune. Dans l'acte manqué du médecin se trompant de porte, apparaît le désir d'éviter un face à face qui lui procurerait souci ou déplaisir. Cependant, si nous tenons compte des apports de la psychanalyse, il ne suffit pas de pointer cette nouvelle dimension de la réalité subjective. Il nous faut aussi poser la question suivante. Si l'homme n'était pas assujetti aux représentations inconscientes qui soutiennent son désir, qu'en serait-il de son goût de vivre ? Rappelez-vous ce que nous avions évoqué lors d'un entretien précédent de la tendance autodestructrice des grands mélancoliques qui n'ont plus d'autre objet que l'ombre en eux d'un objet externe de haine.

Cela nous conduit à poser une question sur la place qu'il convient d'accorder à la notion de sujet de l'inconscient dans le concept des différents concepts qui tentent de cerner la subjectivité humaine. Cette place est-elle plus fondamentale que celle faite par la culture à des notions telles que sujet de droit, sujet de la perception, sujet du langage etc. ? Certes, il existe ou a existé dans certains milieux culturels ce que l'on pourrait appeler un impérialisme de la psychanalyse. D'après lui, elle dirait le fin du fin sur les affaires humaines. Elle expliquerait mieux que d'autres disciplines la condition de chacun, la maladie, la vie collective, les embarras institutionnels, les enjeux du pouvoir et autres manifestations de notre civilisation. Autant vous le dire, je ne souscris pas à cette visée. Le champ de la psychanalyse est limité par ses moyens propres. La mise en acte de l'inconscient suppose une demande particulière, la réalité du transfert, la présence de l'analyste dans une situation duelle. Néanmoins, la psychanalyse peut témoigner mieux qu'une autre science de ce qu'implique la réalité de l'inconscient. Pourquoi Lacan a-t-il écrit que la subjectivité humaine culminait dans la condition du sujet désirant ?

Pour aborder cette question, j'aurai recours à ce que l'on appelle une « vignette clinique ». Ne me demandez pas qui a inventé cette expression, je l'ignore. M. x est un homme âgé, atteint d'un cancer qui s'est généralisé. Il est arrivé dans une unité de soins palliatifs où l'on pense qu'il entre dans la phase terminale de sa maladie. Sa venue au sein de l'unité n'a pas posé de problèmes financiers à M. x et à sa famille. Il est couvert par les assurances maladies et la sécurité sociale. Il ne s'agit pas d'un privilège, et son cas n'est pas exceptionnel. Il a souscrit durant sa vie professionnelle aux cotisations d'usage. Il en reçoit aujourd'hui la contrepartie selon les dispositions légales. Bref, M. x est un sujet de droit, et l'unité de soins palliatifs en témoigne. Simplement il n'est pas le seul. Il partage ce statut avec la plupart des malades du service. Un parmi d'autres, la loi étant la même pour tous. Dans sa chambre notre malade est attentif aux meubles qui l'entourent, aux entrées et sorties des aides-soignantes ou des infirmières. Il surveille l'heure des visites en regardant son réveil. Bref, il est un sujet de connaissance, comme d'autres patients. Toutefois, il a des intérêts plus particuliers pour certains aspects esthétiques de l'environnement. Ses connaissances sont aussi plus caractéristiques dans le domaine professionnel qui a été le sien, et dans lequel il a acquis une expérience et un savoir qui le distingue d'autres malades. Les objets de sa connaissance influencent donc en partie sa subjectivité. Que M. x soit un sujet de la parole est une évidence, cependant il a une façon particulière de construire ses énoncés en raison d'une culture alsacienne, marquée par la langue allemande. Bien qu'il parle couramment le Français, son choix de vocabulaire, ses tournures de phrases ont quelque chose de repérable, de particulier. Comme sujet de ses énonciations, il manifeste certaines émotions alternant par exemple des intonations basses, chaleureuses, avec des moments de précipitation où sa voix devient plus aiguë. Chaque échange avec lui, pour toutes les raisons indiquées, rappelle par moments les échanges que les membres de l'équipe peuvent avoir avec d'autres patients. Mais plus généralement on ne saurait oublier un style, une utilisation créative de la langue, que l'on ne saurait confondre M. x en tant qu'être parlant, avec un autre.

D'où M. x tient-il ce qu'il a de plus singulier ? Une telle particularité est peu apparente dans le registre du droit. Elle est déjà repérable dans la façon dont il exerce ses connaissances. Elle est encore plus sensible dans sa façon de s'exprimer, c'est-à-dire dans l'ordre du langage. Ainsi notre malade est-il assujetti de façon plus ou moins particulière à ces différentes données universelles que sont les processus de la perception, les règles du corpus juridique ou les impératifs de la grammaire. Mais nous voyons bien que la singularité de son être se noue à cette universalité de la culture en une occasion précise. C'est lorsque la tension émotionnelle, la charge libidinale liée à certaines représentations se manifestent dans un ordre de significations. C'est bien dans ce moment où se nouent une impulsion vitale et la trouvaille qui va la signifier que M. x est, au sens strict du terme, le plus incomparable. Que ce soit dans l'instant d'un entretien dans sa chambre, dans la somnolence ou le rêve, ou encore dans le temps de nous interpeller par des signes convenus lors des déficiences de la parole, la subjectivité humaine culmine dans ce lieu psychique où les quêtes de plaisir, les évitements, les dangers, les pulsions et leurs objets fantasmés trouvent les moyens de leur surgissement dans un univers symbolique. A partir des formes errantes, des représentations visuelles, acoustiques, tactiles, qui hantent sa mémoire, et dans lesquelles insistera jusqu'à sa mort une faim d'amour, il y a chez M. x cette opération subjective qui crée les moyens de son humanité, c'est-à-dire l'émergence singulière de sa capacité de signification. C'est dans ses passions même que le sujet de l'inconscient opère une saisie où leur puissance énergétique trouve sa voie de décharge dans l'univers du discours. Notre condition subjective la plus singulière est bien celle où une chair que la vie détourne de la mort se conjoint à l'universalité de symboles qu'éternise la parole humaine à travers les âges.

Vous comprenez à présent ce que veut dire Freud par cette phrase : « Dans le monde du rêve, tu es chez toi ». Pas chez les autres, pas comme les autres. Vous pouvez comparer la longueur de l'humérus de M. x à celui d'autres hommes, vous pouvez mesurer ses temps de réaction à une excitation, vous êtes capable de vous référer à ses droits, de lui rappeler ses obligations, vous savez dialoguer avec lui, voire reprendre à votre compte ses énoncés ou lui confisquer la possibilité d'une énonciation, vous ne pourrez vous emparer de ses rêves ni le saisir dans ses lapsus, ses actes manqués. Il est toujours trop tard. Vous êtes dans l'après coup d'une manifestation subjective qui déjà s'est évanouie, échappant à votre prise. Et ceci m'amène à une remarque. Le sujet de l'inconscient, en relation avec ses objets psychiques, ne se déploie pas dans un temps lié à l'espace ni dans une durée où s'éprouve la conscience, il se manifeste comme pulsation dans un éternel et fugace présent.

Il y aurait beaucoup à dire sur cet aspect « temporel » de la mémoire inconsciente. Elle nous fait côtoyer l'énigme du temps. Freud l'évoquait dans une lettre adressée à Marie Bonaparte. Son biographe, Ernest Jones, relatant la fin de vie du premier psychanalyste, écrit à propos de cette lettre qu'il cherchait à décrire le développement du sens du temps avec les termes de la théorie des quanta de Max Planck. La phase terminale de son cancer l'obligea à abandonner ce projet.

La question reste ouverte. Dans un ouvrage récent *Le corps subtil du réel éclaté*[20], le physicien Costa de Beauregard fait état des expériences de neuro-physiologie. On constate qu'à l'instant où l'on a conscience de prendre une initiative motrice, le signal moteur est déjà parti depuis environ une demi seconde. Pour situer l'importance de cette demi seconde dans la vie psychique, rappelons qu'elle équivaut pour une onde sonore à un parcours de cent soixante-dix mètres, et pour une onde lumineuse, à un parcours d'environ cent cinquante mille kilomètres. En ce cas, demande l'auteur, « qui a pris la décision ? »

Il va falloir que vous me pardonniez la complication supplémentaire que je dois ici apporter. Je sais que vous n'êtes pas familiers des élaborations de la pensée psychanalytique.

---

[20] Costa de Beauregard, 1995, « Le corps subtil du réel éclaté », Ed Aulin.

Cependant la question posée par Costa de Beauregard m'en donne l'occasion. Si les constats de la neuro-physiologie posent avec acuité le problème de la décision non consciente, ils ne précisent pas le lieu psychique (qui n'est pas à confondre avec quelque lieu anatomique) où elle peut se produire.

Pour représenter l'ensemble des processus échappant à la conscience, Freud a été amené à distinguer deux ordres de processus. Il a appelé « préconscient » le lieu psychique où se prépare l'accès à la mobilité. Ce qui est élaboré au niveau préconscient, peut, nous dit-il, devenir conscient. Par contre, entre ce système préconscient et l'inconscient proprement dit, il y a une barrière. Nous l'appelons « la censure ». A cause de cette censure, les représentations inconscientes proprement dites ne peuvent en aucun cas avoir accès à la vie consciente. Alors, me demanderez-vous, d'où vient la différence ? Sommes-nous obligés de dire que le sujet des représentations qui échappent à la conscience est lui-même refendu, tantôt sujet du préconscient, tantôt sujet de l'inconscient ou simultanément les deux ?

Cela peut à première vue paraître une distinction byzantine. Rappelez-vous toutefois ce que nous avons noté à propos de la régression. Il y a dans la régression d'objet un appauvrissement des représentations. Elles deviennent des formes-images, des formes errantes disait Lacan.

La pratique psychanalytique permet de vérifier une hypothèse formulée par Freud. Dans les représentations émotionnelles inconscientes, les images sont dissociées des représentations verbales qui leur sont normalement associées. Les investissements de phrases, de relations grammaticales, de nominations, de significations proposées, sont maintenus dans le préconscient. Pour que des représentations pulsionnelles, des images aussi déconcertantes que celles du rêve, puissent devenir cohérentes et signifier par exemple un jugement, une action imaginaire, elles doivent être reliées aux mots, aux phrases qui préfigurent une intention ou une décision consciente.

Sans entrer dans des considérations trop techniques, nous pouvons nous représenter le préconscient comme un état de mémoire où sont activées, à l'insu de la conscience, des scènes comprenant des images, phrases, émotions. L'inconscient proprement dit, désignant un état de mémoire où des supports imaginaires, visuels, sonores, liés à des émotions se trouvent isolés du contexte où le langage leur était ou pourrait leur être associé.

Vous me demanderez : pourquoi cette disjonction entre les éléments appauvris de nos représentations et les configurations plus élaborées, plus proches des perceptions habituelles de la vie consciente ?

La réponse à cette question, c'est le refoulement. La censure, dont Freud nous dit qu'elle sépare l'inconscient du préconscient assure une protection. Elle empêche que des images chargées d'une grande intensité pulsionnelle, visant des objets de jouissance, ne puissent déborder la vie mentale organisée et ses conséquences comportementales.

Ainsi conçue, la censure n'est pas une simple ligne de démarcation, elle est une frontière où s'exerce un refoulement. Et ceci me conduit à préciser que le refoulement est une nécessité de notre équilibre psychique. Certes, il y a des refoulements excessifs lorsqu'ils empêchent la prise en compte de tendances pulsionnelles profitables pour le sujet. Mais d'une façon générale, des représentations-images concernant des satisfactions préjudiciables à la vie affective et sociale de l'être humain seront maintenues dans le refoulement.

Lorsque la psychanalyse parle de levée du refoulement il s'agit, selon les termes mêmes de Freud, de remplacer un processus inconscient par une prise de conscience où va s'exercer un jugement de valeur, c'est-à-dire une approbation ou une condamnation de la jouissance recherchée. Cette transmutation fait donc intervenir dans l'économie de plaisir une notion culturelle qui est celle de la Loi. Prohibition du meurtre, de l'inceste, etc. D'où cette formule bien connue « le Désir, c'est la Loi ». Formule à laquelle Lacan a ajouté celle d'une jouissance excessive, hors la loi du désir qui serait mortifère pour le sujet.

Nous voici arrivés au terme de notre parcours. Le sujet de l'inconscient est donc à mettre en relation avec ces objets psychiques que sont les représentations les plus régressives, les plus appauvries, mais aussi liées aux intensités pulsionnelles les plus fortes. Le sujet du préconscient est à mettre en relation avec des objets psychiques élaborés, associant images et discours. Le sujet conscient a pour objet ses sentiments et idées adaptées à des entreprises visant autrui ou l'expansion de la culture.

Retenons toutefois que si les objets du sujet conscient situent sa satisfaction dans un environnement naturel et culturel extrêmement riche, les objets du sujet préconscient comme du sujet de l'inconscient, se situent dans l'économie sexuelle, affective, comme représentations de jouissance impossible ou comme représentants de son désir.

Nous sommes fondamentalement des sujets divisés entre les processus inconscients et les processus psychiques dont nous avons conscience.

Si le titre de cet exposé était « Le malade, sujet désirant » c'était pour insister sur le fait que l'homme souffrant dont vous avez la charge, ne peut être réduit à sa dimension consciente mais à ce qui culmine en lui tant qu'il a un souffle. Soit, la radicale et conflictuelle singularité de son histoire de désirant.

653633 - Mai 2016
Achevé d'imprimer par